JN278796

対人関係のダークサイド

加藤 司　谷口弘一　編著

北大路書房

はじめに

　本書は，人間関係に潜むさまざまな暗闇に焦点をあて，そのような暗黒が生じるメカニズムなどを説明した専門書です。専門書と言っても，そこに描かれている内容は，高校生でも十分に理解できるように，ていねいに書かれています。机に向かって真剣な顔をし，ノートにメモを取りながら，本書を読み進める必要はありません。通学や通勤の電車の中でも，気楽に読み進めることができます。また，それぞれの章は，「人間関係に潜む暗闇」というひとつのテーマによって描かれていますが，どの章から読み始めても問題のないような構成になっています。読者の皆様には，関心を持った章から読んでいただければと思っています。

　本書で取りあげている具体的なテーマは，「浮気」「うそ」「嫉妬」「責任転嫁」「怒り」「いじめ」「ドメスティック・バイオレンス」「抑うつ」「苦手意識」「失恋」などです。いずれのテーマも，暗く，ジメジメとしており，日常会話では話題にあがりにくい，時にはタブー視されがちな事柄ばかりです。このような，一般的に，誰も触れようとしない，話題にあがらない事柄は，人間関係の秘密の部分と言い換えることもできます。このような人間関係の秘密について，深く知りたいと思う気持ちは，誰にもあることでしょう。また，人間関係の秘密にしたい側面を深く知るということは，人間関係の本当の姿を知ることにもつながります。人間関係の本当の姿を知りたいという勇気ある読者にも，本書は何らかの情報を与えてくれるでしょう。

　もうしばらく，私の話につきあってください。実は，本書は，ある書物と同時に出版されています。ある書物とは，1997年に出版された『The dark side of close relationships（親密な関係のダークサイド）』の邦訳書です（北大路書房より）。この『親密な関係のダークサイド』は，本書の企画の下地となった書物です。そこには，「情事」「妬みや嫉妬」「うわさ話」「ストーキング」「失恋」「片思い」「対人関係の病理」など，人間関係の闇について描かれています。本書は，『親密な関係のダークサイド』より，くだけた文章で書かれており，わ

れわれの身近な問題として受け止めることができるでしょう。一方,『親密な関係のダークサイド』は,本書より,少し高尚な印象を受けるかもしれませんが,わが国では,知られていない人間関係の闇を詳細に描いています。両書ともに,人間関係の闇をテーマに書かれており,人間関係の闇を心理学的に明らかにしようとする姿勢は同じですが,そこに描かれている内容は大きく異なっています。本書を手にした読者は,ぜひ,『親密な関係のダークサイド』も手にしていただきたく思っております。

最後に私事で申し訳ないのですが,私は,「はじめに」を書くのにいつも苦労しています。「はじめに」は短い文章かもしれませんが,私は,書き始めるのに半年,書き始めて完成するまでに1か月程度時間を要します。しかし,完成した「はじめに」の評判は,あまり良くないようです。「はじめに」の評価で,本書の評価が決まらないように心から願っております。

2008年　東京の訪れる人もいない薄暗い部屋の中,ジメジメした梅雨の日に

編者を代表して　加　藤　　司

本書と関連本『親密な関係のダークサイド』とのテーマ（各章）連関

対人関係のダークサイド	疑念・誘惑・混乱	親密な関係のダークサイド
浮気（1章） 浮気をなぜするか，するとどうなるか？ / **だまし・うそ（2章）** どうして人をだましたり，うそをつくのか？ / **妬み・嫉妬（3章）** 妬みと嫉妬のちがい / **責任転嫁・自己避難（4章）** 人のせいにしたらどうなる？	疑念・誘惑・混乱	**破滅をもたらす魅力（1章）** 「面白さ」が「愚かさ」へと変わる / **嫉妬・妬み（2章）** 嫉妬・妬みの対人的結果 / **うわさ話（3章）** 誰が誰のうわさをするのか？
抑うつ（5章） 対人関係のいやな出来事と抑うつ / **苦手意識（6章）** どんな人が苦手？ / **失恋（7章）** 失恋の発生から立ち直りまでの道筋	銷沈・喪失	**離愛（6章）** 離愛のプロセス / **片思い（7章）** 求愛者と拒絶者それぞれの経験 / **精神的健康（8章）** 対人関係と精神疾患，孤独感，依存症
怒り（8章） いつ，どんな形で怒りをぶつけるのか？ / **いじめ（9章）** いじめをエスカレートさせないためには？ / **ドメスティック・バイオレンス（DV）（10章）** DVはどのように発生し，深刻化するのか？	暴力・心痛・虐待	**葛藤（4章）** 家族・恋愛関係の葛藤パターン / **ストーキング（5章）** 追跡者と被害者の特徴
ダークサイドとブライトサイド（10章） 対人関係の悪いところと良いところ	統合・黙想	**ポジティブな側面とネガティブな側面（9章）** 対人関係の2側面の影響力

CONTENTS

はじめに …………………………………………………………………… i
本書と関連本『親密な関係のダークサイド』とのテーマ（各章）連関 … iii

第1部　疑　念

第1章　なぜ，浮気をするのか ………………………………………… 3
第1節　浮気をするのは男か女か ……………………………………… 4
　　1　大規模調査の結果から ……………………………………… 4
　　2　もう少し，分析を進めると ………………………………… 4
　　3　妻は疑り深い ………………………………………………… 5
第2節　浮気の原因は？ ………………………………………………… 6
　　1　結婚生活の満足感 …………………………………………… 6
　　2　収　入 ………………………………………………………… 7
　　3　性　格 ………………………………………………………… 7
　　4　初婚の年齢 …………………………………………………… 8
　　5　過去の交際経験 ……………………………………………… 9
　　6　児童期の性的虐待 …………………………………………… 9
　　7　妊娠中の浮気 ………………………………………………… 10
　　8　女性の直感は浮気を見抜く ………………………………… 10
第3節　浮気をすればどうなるか …………………………………… 11
　　1　浮気のショック ……………………………………………… 11
　　2　浮気に対する反応 …………………………………………… 12

	3　パートナーの責任にする	14
	4　浮気を許すか，それとも……	14
	5　ついに離婚することに	15

第2章　人をだます …… 17
第1節　うそをつくこと・だますこと …… 18
第2節　日常生活におけるだまし・うそ …… 19
　　1　振り込め詐欺 …… 19
　　2　日常生活におけるだまし・うそ …… 20
　　3　うそをつく動機 …… 21
第3節　心理学におけるだまし・うそ研究 …… 22
　　1　社会心理学的なだまし・うそ研究 …… 22
　　2　その他の心理学領域におけるだまし・うそ研究 …… 26
　　3　今後の研究の方向性 …… 27
第4節　おわりに …… 28

第3章　人をうらやむ …… 29
第1節　うらやむとは何か …… 30
　　1　状況による妬みと嫉妬の区別 …… 30
　　2　内容による妬みと嫉妬の区別 …… 31
第2節　妬みと嫉妬の原因 …… 33
　　1　自己評価維持モデルから見た妬み …… 33
　　2　自己評価維持モデルから見た嫉妬 …… 36
第3節　妬みと嫉妬のダークサイド …… 38
　　1　妬みのダークサイド …… 38
　　2　嫉妬のダークサイド …… 41
第4節　妬みと嫉妬を乗り越えるために …… 43
　　1　妬みの対処法 …… 44
　　2　嫉妬の対処法 …… 44

第4章　人のせいにする ……… 46
- 第1節　出来事の責任は誰にある—原因帰属の心理 ……… 47
- 第2節　人のせいにしたら，どうなる
　　　　—責任転嫁と自己非難の原因と結果 ……… 48
- 第3節　人のせいにしたほうがよいのか
　　　　—責任転嫁，自己非難と適応 ……… 51
- 第4節　自分の責任も感じるとよい—自己非難のすすめ ……… 52
- 第5節　バランスのとれた責任の考え方—認知行動療法から ……… 55
- 第6節　まとめ ……… 58

第2部　銷　沈

第5章　人とのかかわりから抑うつになる ……… 63
- 第1節　対人ストレスと抑うつとは ……… 64
- 第2節　「対人ストレスをどう受け止めるか」の問題 ……… 65
  1. 3つのネガティブな認知 ……… 65
  2. いやな出来事は，なぜ起こったのだろう ……… 67
  3. 自分の良し悪しは他者から認められたかどうかにかかっている ……… 67
- 第3節　「対人ストレスを引き起こしてしまう」という問題 ……… 69
  1. かかわり方の問題 ……… 70
  2. パーソナリティの問題
　　　—さまざまなパーソナリティと対人ストレス ……… 70
  3. 抑うつがさらにストレスを引き起こす ……… 72
- 第4節　「主観的な対人ストレスを作り出してしまう」という問題 ……… 72
- 第5節　発達的な視点から対人関係と抑うつとの結びつきを考える ……… 74
- 第6節　抑うつの発生を対人関係の視点からとらえる ……… 75

第6章　人を苦手になる ……………………………………… 76
第1節　対人苦手意識とは ………………………………… 77
第2節　対人苦手意識の成立要因 ………………………… 77
1　どのような人に対人苦手意識を感じるのか ……… 78
2　対人苦手意識を感じやすいのはどのような人か … 80
3　対人苦手意識を感じやすい対人関係とは ………… 81
第3節　対人苦手意識の特徴 ……………………………… 82
1　苦手な他者に対する気持ち ………………………… 82
2　苦手な人とのつきあい方 …………………………… 83
第4節　対人苦手意識と職場における社会的適応との関連 … 84
1　対人苦手意識と社会的地位 ………………………… 84
2　女性の職場における対人苦手意識 ………………… 85
3　対人苦手意識がネガティブな影響を及ぼす職種 … 86
第5節　まとめ ……………………………………………… 87

第7章　恋を失う ……………………………………………… 89
第1節　失恋のプロセス …………………………………… 90
1　関係における問題の認識 …………………………… 91
2　問題への対処 ………………………………………… 92
3　関係解消への決意 …………………………………… 93
4　関係解消の実行 ……………………………………… 94
5　失恋後の諸反応の生起 ……………………………… 96
6　失恋後の対処 ………………………………………… 96
7　立ち直り ……………………………………………… 100
第2節　失恋のプロセスへ影響を与える要因 …………… 101

第3部 暴　力

第8章　怒りを感じる ·· 105
第1節　怒りの喚起 ·· 106
1　怒りとは ·· 106
2　怒り喚起の理由 ·· 107
3　怒りの対象 ·· 108
第2節　怒りの表出 ·· 109
1　怒りに対する反応 ·· 109
2　怒り表出行動を左右する要因 ·· 111
第3節　怒り表出の対人関係への影響 ·· 112
1　受け手の反応 ·· 112
2　怒り表出者と受け手のとらえ方の違い ·· 115

第9章　人をおいつめるいじめ ·· 117
第1節　いじめは関係内攻撃 ·· 118
1　いじめ定義の難しさ ·· 118
2　カンダーステグ宣言 ·· 118
3　日本におけるいじめの定義 ·· 119
4　クラスごとに異なる結果 ·· 119
第2節　いじめの件数ではなく集団化・無力化が問題 ·· 120
1　いじめの調査方法の問題 ·· 120
2　一方向の攻撃の問題 ·· 121
3　繰り返しの攻撃の問題 ·· 122
4　いじめの報告件数ではなく集団化と無力化に着目を ·· 126
第3節　いじめのプロセスモデル ·· 126
1　いじめの芽・いじめ・いじめ犯罪 ·· 126

2　いじめのプロセスモデル ………………………………… 127
　第4節　目標はいじめをエスカレートさせないこと ………… 128
　　1　集団化の理由と対策の方針 ……………………………… 128
　　2　無力化の理由と対策方針 ………………………………… 130

第10章　ドメスティック・バイオレンス …………………… 132
　第1節　DVの実態，定義と特徴 ……………………………… 133
　第2節　DV被害の潜在化 ……………………………………… 135
　第3節　当事者たちのDV生起に関する判断 ………………… 136
　第4節　DVをもたらすもの …………………………………… 138
　　1　加害者の攻撃性 …………………………………………… 138
　　2　被害者の社会経済的地位の低さ ………………………… 139
　　3　親密な関係を特別なものだと思うこと ………………… 141
　第5節　DV生起後の当事者の行動 …………………………… 142
　第6節　第三者のかかわりが果たすもの …………………… 143

第4部　統　合

第11章　対人関係のダークサイドとブライトサイド ……… 147
　第1節　対人ストレス …………………………………………… 148
　　1　対人ストレッサーとは …………………………………… 148
　　2　対人ストレッサーのインパクトと経験頻度 …………… 149
　第2節　対人ストレスコーピング …………………………… 151
　　1　対人ストレスコーピングとは …………………………… 151
　　2　対人ストレスと対人ストレスコーピング ……………… 154
　第3節　ソーシャルサポート ………………………………… 155
　　1　対人ストレスとソーシャルサポート …………………… 155
　　2　対人ストレスコーピングとソーシャルサポート ……… 156

第4節　アタッチメント ………………………………………… 156
　　　1　対人ストレスとアタッチメント ……………………………… 157
　　　2　対人ストレスコーピングとアタッチメント ………………… 158
　　　3　ソーシャルサポートとアタッチメント ……………………… 159
　　第5節　ダークサイドとブライトサイドの影響 ………………… 159

引用文献 …………………………………………………………………… 161
事項索引 …………………………………………………………………… 177
人名索引 …………………………………………………………………… 179

第一部 疑念

第1章 なぜ、浮気をするのか

　一人の女を愛して生涯，彼女との約束を守るというのはまことに困難である。それは孤独な高い山を登るのによく似ている。……青春に自分がえらんだ娘が美しく魅力ある時，それに惹きつけられるのは馬鹿でも阿呆でもできることなのだ。歳月がながれ彼女たちがやがて色あせ，その欠点や醜さを君に見せる時になっても，それをなお大事にすることは誰でもできることではない。そして愛とはやがて書くが，美しいもの，魅力あるものに心ひかれることではないのである。外面的美しさが消え，魅力があせても，それを大事にすることなのだ。

遠藤周作（1977）

　わが国の離婚率は昭和40年頃から増加傾向にあり，平成18年の離婚率（離婚件数を人口で除した値）は，人口1,000名に対して2名程度と推定されています。1,000名のうち2名程度だから少ない，と感じるかもしれません。しかし，離婚率の1,000名には赤ん坊や未婚者も含まれています。実際に結婚している既婚者の離婚率（標準化有配偶離婚率）は，1,000名のうちほぼ12名が離婚することを示しています。離婚率の高いロシアやアメリカでは，5組に3組が離婚すると言われています。

　離婚の原因は国の事情によって異なりますが（それぞれの国の法律によって，離婚することができる原因が異なるため），いずれの国でも，浮気は実質的な離婚の原因になります（Amato & Rogers, 1997）。アメリカでは，夫婦問題に対するカウンセリングのうち，その多くの問題が浮気に関するものだという報告もあります（Atkins et al., 2005）。浮気が深刻な問題となっているアメリカでは，浮気に関する実証的な研究が数多く行われています。残念なことに，わが国では，浮気に関する実証的研究はほとんど進められておらず，興味本位の記事が週刊誌などに掲載されているにすぎません。アメリカがわが国の将来の姿だと言えませんが，アメリカでの浮気に関する研究から，わが国の現状を推測してみましょう。

第1節 浮気をするのは男か女か

　テレビなどで，「男は浮気をする生き物だ」ということを口にするタレントがいますが，本当でしょうか。そもそも，女性より男性のほうが浮気をするのでしょうか。俗世間の噂やイメージが，いつも正しいとは限りません。さあ，研究の成果をのぞいてみましょう。

① 大規模調査の結果から

　アメリカで行われた最近の全国的調査では，生涯を通じて，およそ20%から40%の男性が，20%から25%の女性が浮気（婚外性交）をする，という報告がなされています（Whisman & Snyder, 2007）。アメリカの調査では，一般的に，女性より男性のほうが浮気をしやすく，浮気願望も高いことが報告されています（Atkins et al., 2005）。

　わが国で実施された全国規模の調査はみられませんが，インターネット上のアンケート調査では，いくつかの報告がなされているようです。2002年に実施された㈱セイエンタプライズの「Seiさんのお店」による調査では，既婚男性の約28%，未婚男性の約26%，既婚女性の約15%，未婚女性の23%が，浮気をしたことがあると回答しています（対象者846名）。さらに，浮気願望に関しては，既婚男性の約55%，未婚男性の約37%，既婚女性の約23%，未婚女性の19%が，「浮気願望あり」と回答しています。わが国でも，女性より男性のほうが浮気をしやすい傾向にあるといえるかもしれません。しかし，「男は浮気をする生き物だ」というほど，多くの男性が浮気をしているわけでも，女性より圧倒的に男性のほうが浮気をするわけでもなさそうです。

② もう少し，分析を進めると

　さらに，詳しい分析を進めると，単純に，女性より男性のほうが浮気をしやすいとは言えないようです。たとえば，性行為を目的とした浮気では女性より男性のほうが多いのですが，情緒的な浮気では男性より女性のほうが多くみら

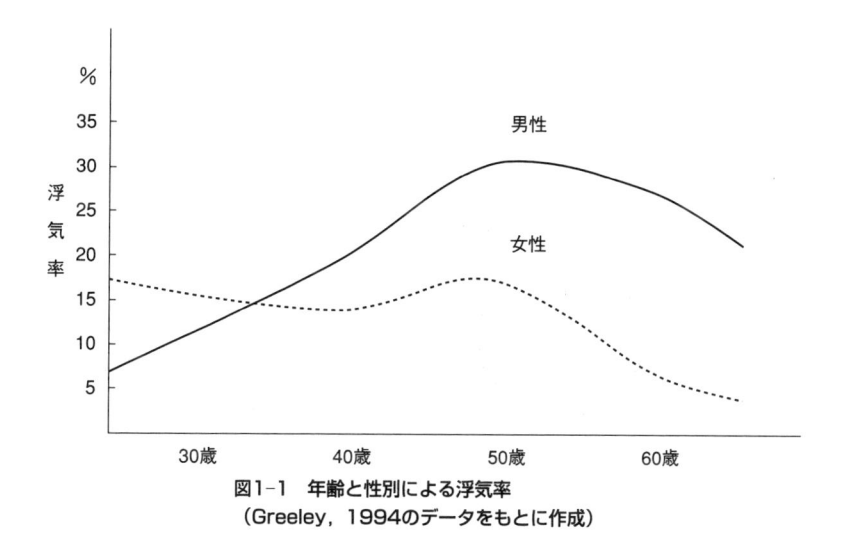

図1-1 年齢と性別による浮気率
(Greeley, 1994のデータをもとに作成)

れる,という報告がなされています (Atkins et al., 2001)。

また,浮気の男女差は年齢とも関係があるようです。1991年から実施されたシカゴ大学国際世論研究センターの社会調査では,性別と年齢に関する既婚者の浮気調査を実施しています。この調査をまとめたグリーリー (Greeley, 1994) は,30歳以下の若年夫婦では,男性より女性の浮気率が高く,40歳以上の夫婦では,女性より男性の浮気率が高くなる,と報告しています(図1-1参照)。なお,年齢に注目すると,女性では40歳から50歳にかけて,男性では50歳から60歳にかけて浮気をする傾向が高くなるようです。

わが国の浮気の傾向は詳細に把握されていないようですが,少なくとも,アメリカでは,単純に,女性より男性のほうが浮気をする,とは言えないのです。

③ 妻は疑り深い

自分自身,そして,パートナーが将来に浮気をするかどうかについて,どのように思っているのでしょうか。バスとシャックルフォード (Buss & Shackelford, 1997) は,107組の夫婦を対象に,自分自身が将来浮気をする可能性がどの程度なのか,そして,パートナーが将来浮気をする可能性がどの程度なのかについて,回答を求めました。浮気は,「親密な関係としてのデート」「一晩限りの性

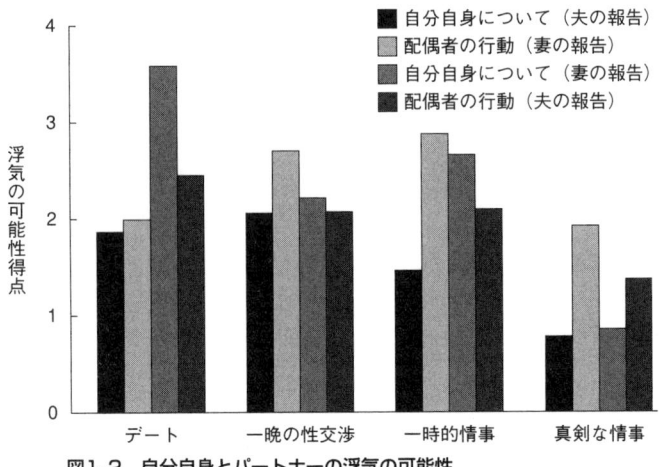

図1-2　自分自身とパートナーの浮気の可能性
（Buss & Shackelford, 1997のデータをもとにグラフ化）

的交渉」「一時的な情事」「真剣な情事」などに分けられました（図1-2）。妻は，自分自身が，「親密な関係としてデート」をする可能性が高いと回答しています。また，「一晩限りの性的交渉」「一時的な情事」「真剣な情事」では，夫が浮気をするだろうという妻の回答が，最も高くなっています。つまり，妻は，自分自身はデートをするかもしれないけれど，性的交渉を含めたより深い浮気は夫がするにちがいない，と思っているのです。どうやら，妻は夫の浮気を疑っているようです。

第2節 浮気の原因は？

　どのような人物が浮気をするのでしょうか。浮気をすることがわかっているならば，多くの人々は，そのような人物との結婚をためらうでしょう。本節では，浮気の原因について，さまざまな側面から説明します。

① 結婚生活の満足感

　多くの読者が思いつく浮気の原因は，結婚生活に対する不満感でしょう。ア

メリカの調査では，一般的に，結婚生活の満足感が低いほど，浮気をする危険性が高くなることが知られています。また，性生活に対する満足感が低いほど，浮気をする可能性が高いことも知られています。

しかし，必ずしも，結婚生活の満足感が低いほど，浮気をする可能性が高くなるというわけではないようです。バスとシャックルフォード (1997) は，107組の夫婦を対象に，結婚生活に対する満足感と将来に浮気をする可能性との関連性について調査を行っています。妻は，結婚生活や性生活に対する自分自身の満足感が低いほど，自分自身が将来に浮気をする可能性が高いと回答しています。夫も，結婚生活や性生活に対する自分自身の満足感が低いほど，自分自身が将来に浮気をする可能性が高いと回答しています。しかし，妻も夫も，自分自身が浮気をするかどうかと，配偶者が結婚生活や性生活に満足を抱いているかどうかとの間には，関係がみられませんでした。どうやら，浮気をするかどうかは，配偶者が満足しているかどうかではなく，自分自身が満足しているかどうかとのみ関係があるようです。

② 収　入

浮気は，現実的な問題にも左右されるようです。たとえば，シカゴ大学国際世論研究センターのデータを用いたアトキンス (Atkins et al., 2001) は，収入と浮気率との関係について報告しています。年収が＄30,000（当時の為替レートで，およそ345万円）以下では，収入と浮気傾向には関連性がみられませんでした。しかし，年収が＄30,000以上では，年収が高いほど，浮気をする可能性が高い傾向にありました。また，年収＄75,000（およそ862万円）の者は，年収＄30,000の者の1.5倍以上，浮気をする危険性がありました。年収が高いことは生活を豊かにするかもしれませんが，年収があがると，浮気の危険性が高まるようです。

③ 性　格

どのような性格の人物が，浮気をするのでしょうか。バスとシャックルフォード (1997) は，107組の夫婦を対象に，性格と浮気をする可能性との関連性について，調査をしています。男性の場合には，自己愛の傾向が高い夫ほど，情

熱的なキスをするなどの，比較的軽い浮気をする可能性が高いようです。そして，好奇心が高く，知的である夫ほど，デートをしたり，一夜限りの関係を持ったり，短期間の情事を行ったりする可能性が高いようです。女性の場合には，誠実性が低い妻ほど，また，自己愛傾向の高い妻ほど，軽い浮気から深い浮気まで，浮気をする可能性が高いようです。男女ともに，ナルシスト（自己愛傾向の強い人物）は，浮気をしやすいようです。

④ 初婚の年齢

2人が愛を誓い合ったとき，すなわち，結婚した年齢によって，浮気をする可能性に違いがあることが報告されています。シカゴ大学国際世論研究センターの調査では，初めて結婚した年齢が低いほど，浮気をする傾向が高い，と報告しています (Atkins et al., 2001)。初めて結婚した年齢が16歳から25歳まででは，浮気の可能性が急速に減少し，25歳からは，浮気をする割合はほぼ一定です（図1-3）。初婚の年齢が16歳では，初婚の年齢が23歳の者と比較して，浮気率が4倍以上になります。初婚の年齢が低すぎると，浮気の危険性が高くなるようです。浮気をされないためには，結婚相手が初婚である場合には，25歳を超えるまで待つほうがいいようです。また，結婚相手が初婚でない場合には，

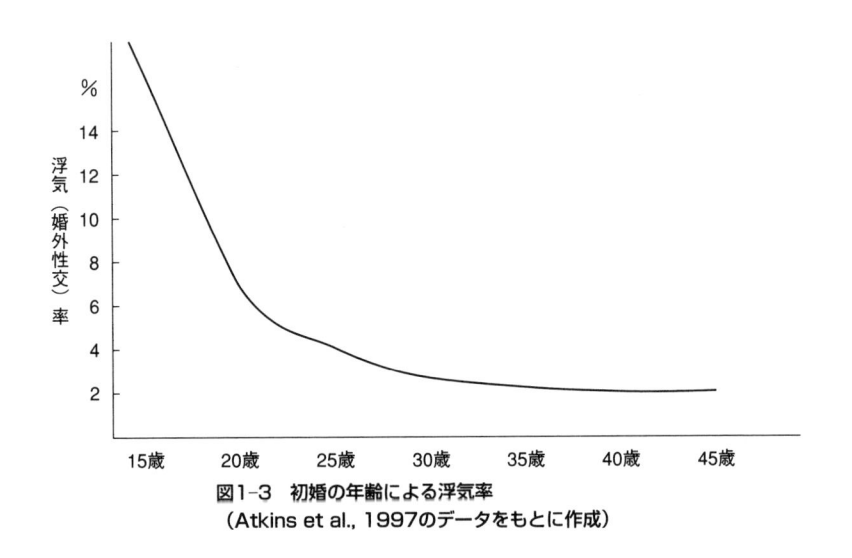

図1-3　初婚の年齢による浮気率
（Atkins et al., 1997のデータをもとに作成）

初婚の年齢が25歳以上の相手を選ぶほうがいいようです。

⑤ 過去の交際経験

一般的に，過去に離婚歴がある者は，浮気をしやすいことが知られています (Whisman & Snyder, 2007)。たとえば，アトキンス (2001) は，離婚歴がある者は，離婚歴のない者と比較して，浮気をする可能性がおよそ2倍になると報告しています。また，結婚するまでに交際をした人数が多いほど，浮気をする可能性が高くなることも知られています (Forste & Tanfer, 1996)。さらに，結婚する前の性交渉の経験が多いほど，浮気をする危険性が高くなることも知られています (Whisman & Snyder, 2007)。加えて，結婚前の同棲の有無が，浮気の危険性と関連していることも知られています。つまり，同棲している者は，より浮気をする可能性が高い，というのです。たとえば，ホイスマンとシュナイダー (2007) は，約5,000名のアメリカ人既婚女性を対象にした調査の結果，同棲した者は，同棲していない者の約5倍から8倍も，浮気の危険性が高くなると，報告しています。

浮気をされないためには，離婚歴がなく，交際経験が少ない相手を選び，同棲をすることなく結婚することがいいのかもしれません。

⑥ 児童期の性的虐待

浮気とは無関係と思われることでも，浮気に影響していることはあるものです。そのひとつに，幼少期の性的虐待の被害経験があります。もし，性的虐待の被害と浮気との間に関連性があるとするならば，われわれは，性的虐待被害者は，そのような経験のない者と比較して，浮気をする可能性が低いと考えるかもしれません。しかし，データはその逆を示しています。つまり，性的虐待被害者は，そのような経験がない者と比較して，浮気の危険性が高まるのです。たとえば，ホイスマンとシュナイダー (2007) の研究では，性的虐待被害者は，そのような経験のない者の約3倍から4倍，浮気をする可能性があると報告しています。なぜ，そのようなことになるのでしょうか。

性的虐待を受けた被害者は，虐待が自分には関係がないと思い込む「解離」によって，その苦痛から逃れようとすることがあります。幼少期の性的虐待に

関する臨床データ，および，実証データは，長期的に解離を反復することによって，性的虐待のリスクが高められることを示しています。実際，性的虐待被害者は，リスクの高い行動を選択しやすく，多くの男性と性的交渉を持つことが知られています (加藤, 2008)。そのため，性的虐待被害者は，浮気をする可能性が高いのです。

⑦ 妊娠中の浮気

ホイスマンら (Whisman et al., 2007) は，約2,300名の既婚者を対象に，妻の妊娠状態などを調査し，その12か月後の浮気の有無について調査を行っています。その結果，妻が妊娠している夫は，そうでない夫と比較して，約1.5倍，浮気をする危険性が高い傾向にありました。さらに，分析を進めると，妻が妊娠しており，かつ，結婚生活に不満を抱いている夫の浮気率が高いことがわかりました。つまり，妻が妊娠していない場合には，夫の結婚生活に対する不満感が，浮気をするかどうかに及ぼす影響は比較的に小さいけれど，妻が妊娠していると，結婚生活に不満感を抱いている夫は，そうでない夫と比較して，夫が浮気をする危険が増す，というのです。

また，アメリカでは，子どものいる夫婦は，子どものいない夫婦と比較して，浮気をする危険性が高くなることも知られています。アメリカでは，子どもの出産以降，結婚生活に対する満足感が低下することが知られています (Twenge et al., 2003)。そのため，子どもが生まれたり，子どもを身ごもったりすると，浮気をする危険性が増すのです。

⑧ 女性の直感は浮気を見抜く

夫が将来浮気をするかどうか，その予感を妻は感じることができる，と言われることがあります。本当でしょうか。自分と配偶者を比較して，配偶者がどのような人間であるのか，配偶者に対する評価と浮気との関連性についての報告がなされています (Buss & Shackelford, 1997)。夫が自分より「独占欲が強く，嫉妬深い」，あるいは，「気分屋である」と妻が思っているほど，妻は一時的な情事をしてしまう可能性が高いようです。また，夫が自分より，「謙虚である」「独占欲が強く，嫉妬深い」「酒癖が悪い」と妻が思っているほど，夫が浮気を

する可能性が高いようです。しかし，夫が報告した妻の評価と浮気との間には，ほとんど関係がありませんでした。妻の自己評価と夫に対する妻の評価のみが，浮気と関連していたのです。つまり，夫の言動に対する妻の評価は，夫の浮気の可能性を予測することができるのです。妻は，夫の言動を鋭く観察し，「この人は浮気をするのではないか」と予測することができるのかもしれません。

第3節 浮気をすればどうなるか

　浮気は何をもたらすのでしょうか。浮気をされるとショックを受け，嫉妬をし，どうにかしようと，もがいたりします。そして，離婚に至る場合もあるでしょう。本節では，浮気による影響について説明します。

① 浮気のショック

　一般的に，男性より女性は情動的浮気に対してショックを受け，女性より男性は性的浮気に対してショックを受けることが知られています (Shackelford et al., 2000)。このような個人が経験したショックの程度は，主観的な質問紙やインタビューなどによって，測定がなされることが多いのです。

　客観的な生理指標によるデータは，少し，異なる結果を示しています。ハリス (Harris, 2000) は，79名の大学生を対象に，真剣な交際をしているパートナーが浮気をしたと想定し，そのことを想像させ，生理的反応（心拍数，最高血圧，最低血圧など）を測定しています。想像する浮気の状況は，パートナーが性的交渉を行った性的浮気と，パートナーが情熱的な恋に落ちた情動的浮気です。男性では，情動的浮気より性的浮気のほうが，生理的な反応が強くみられました。この結果は，質問紙による結果と一致しています。一方，女性では，性的浮気と情動的浮気では，生理的反応に大きな違いはみられませんでした。この結果は，質問紙による結果と異なっていました。女性は，社会的な役割から，性的浮気は許せても，情動的浮気は許せない，と思い込んでいるため，情動的浮気に対するショックを過大に見積もってしまうのかもしれません。

② 浮気に対する反応

　パートナーの浮気を知ると，男女関係なく，嫉妬が生じることが知られています。嫉妬といっても，その感情は複雑です。浮気に対して生じる嫉妬の感情を表1-1に示してみました。これらの浮気に対する感情は，性や，浮気のタイプ（情動的浮気と性的浮気）によって異なるのでしょうか。シャックルフォードら (Shackelford et al., 2000) は，655名の大学生を対象に，パートナーが浮気をした時に生じる感情の程度について調査を行っています。女性は「不快・自信喪失」「無力感・捨てられた感」「抑うつ」「嫌悪・拒絶」「不安」の感情が生じやすいようです。どうやら，女性は，パートナーに浮気をされると，「え，どうしよう。自分には魅力がないのかなー」というような反応をするようです。シャックルフォードら (2000) のデータではありませんが，一般的に，浮気をした場合，男性より女性のほうが，パートナーに対して暴力的な行動をしやすいことも知られています (de Weerth & Kalma, 1993)。女性は，「え，どうしよう。自

表1-1　浮気に対する嫉妬感情と，性差・浮気形態差
（Shackelford et al., 2000のデータを要約）

嫉妬の感情	性差	浮気の形態
不快・自信喪失	女性のほうが高い	情動的浮気のほうが高い
無力感・捨てられた感	女性のほうが高い	情動的浮気のほうが高い
抑うつ	女性のほうが高い	性的浮気のほうが高い
嫌悪・拒絶	女性のほうが高い	性的浮気のほうが高い
不安	女性のほうが高い	
敵意・怨み		性的浮気のほうが高い
屈辱		性的浮気のほうが高い
性的覚醒	男性のほうが高い	性的浮気のほうが高い
殺意・自殺	男性のほうが高い	性的浮気のほうが高い
同意・安堵	男性のほうが高い	
喜び	男性のほうが高い	
非難		情動的浮気のほうが高い
脱力感		情動的浮気のほうが高い
許し		情動的浮気のほうが高い

分には魅力がないのかなー」と思う一方で，浮気の制裁として，男性に暴力をふるうようです。

男性は「性的覚醒」「殺意・自殺」「同意・安堵」「喜び」などの感情が生じやすいようです。男性は，パートナーに浮気をされると，その感情をうまく表わすことができず，アンビバレントな反応（ショックであるはずなのに，安堵や喜びという正反対の反応），あるいは，極端な反応（殺意や自殺）をしてしまうようです。

浮気に対する行動は，関係のコミットメントによって影響を受けることも知られています。フィンケルら (Finkel et al., 2002) は，大学生を対象に，浮気に関するコミットメント（浮気による影響をどの程度受けるか）の程度が，浮気に対する行動にどのような影響を及ぼすのか，調査を行いました。フィンケルら (2002) は，浮気に対する行動として，「退出」「発言」「忠実」「無視」の4つの行動を研究対象にしました。「退出」は，別れようとしたり，別れることについて話をしたり，関係を断ち切ろうとする行動です。「発言」は，自分がうろたえている気持ちをパートナーに伝えたり，問題について話し合ったり，問題を解決するために，関係を変えようとしたり，誰かのアドバイスを受けたり，

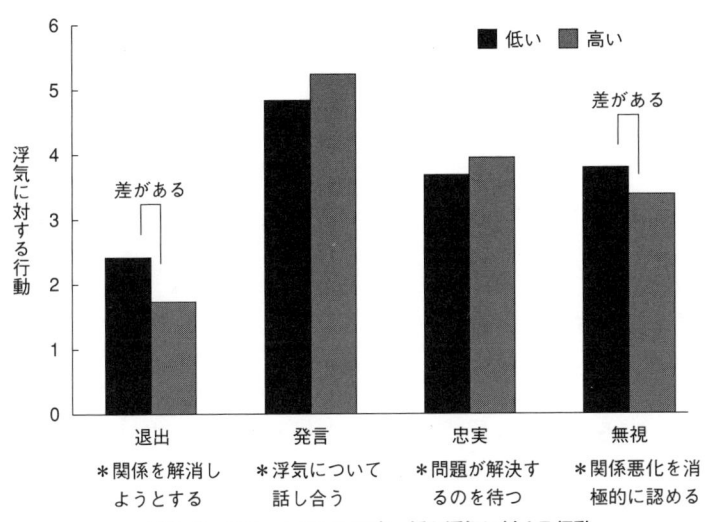

図1-4 コミットメントの高・低と浮気に対する行動
(Finkel et al., 2002のデータをもとにグラフ化)

積極的に状況を改善しようとする行動です。「忠実」は，問題が解決することを待ったり，パートナーの失敗を受け入れたり，気持ちを落ち着かせたり，状況が改善するのを消極的に待つような行動です。「無視」は，問題に直面することなくすねたり，問題とは関係のないことでパートナーを批判したり，無視したり，避けたり，関係が悪化することを消極的に認めるような行動です (加藤，2008)。調査の結果，コミットメントが低いほど，「退出」「無視」という行動を選択することがわかりました（図1-4）。このことは，浮気による影響が小さいと思っているほど，別れようとしたり，関係が悪化するのを暗黙したりするような行動をすることを意味しています。

③ パートナーの責任にする

　男性と女性では，どちらが，浮気をパートナーの責任にするのでしょうか。ナニーニとマイヤース (Nannini & Meyers, 2000) は，322名の大学生を対象に，パートナーが浮気をした場合のさまざまな反応について，調査を実施しています。そして，男性は女性より，浮気の原因をパートナーの責任にする傾向が強いと報告しています。

　そもそも，浮気をする行為は，浮気をしたパートナーに問題があるのですが，パートナーの責任にするかどうかによって，ふたりの関係が継続するかどうかに関係があるようです。ホールとフィンハム (Hall & Fincham, 2006) は，大学生カップルを対象に，浮気が原因で別れたカップルと，そうでないカップルについて調査を行っています。そして，別れたカップルでは，関係を継続しているカップルより，浮気の原因がパートナーにあると考える傾向が強いと報告しています。

④ 浮気を許すか，それとも……

　浮気をしたパートナーを，あなたは許すことができますか。㈱セイエンタプライズの「Seiさんのお店」によるインターネット調査では，既婚男性の約24％，未婚男性の26％，既婚女性の23％，未婚女性の28％が，浮気をしたパートナーを許すことができると回答しています（846名を対象とした「許す」か「許さない」かの2択）。

実証的な研究領域で,「許し」という概念が扱われ始めたのは,1990年後半にはいってからです。許しに関する研究が積極的に取り込まれている研究領域のひとつが夫婦関係です。そこでは,許しに関する基礎的な研究だけでなく,夫婦関係で生じる問題への介入に対する研究もなされています (Gordon et al., 2005)。また,第三世代の行動療法と呼ばれる治療体系では,夫婦間において,許しの重要性が強調されています。このような許しに関する基礎研究や,臨床データは,許しが,関係を持続するうえで重要なキーワードとなることを示しています。浮気も同様です。浮気をしたパートナーを許すことができるほど,離婚を含めて別れる危険性が低くなることが知られています。たとえば,ホールとフィンハム (2006) は,大学生のカップルを対象に,別れたカップルと,そうでないカップルについて調査を行っています。そして,別れたカップルでは,関係を継続しているカップルより,浮気を許すことができる傾向が高いと報告しています。

⑤ ついに離婚することに

浮気をして,そして,離婚する。浮気イコール離婚と短絡的に考えてはいけません。別れに導く浮気と,そうではない浮気があるのです。

ドリゴタス (Drigotas et al., 1999) は,74名の大学生カップルを対象に,浮気の傾向を測定しました。そして,その2か月後に,そのカップルがどのような関係にあるのかを調査しました。その結果を示したものが図1-5です。性的浮気をしたかどうかは,2か月後に,別れたかどうかにほとんど関係がありませんでした。しかし,情動的浮気をしたかどうかは,2か月後に関係を継続しているカップルより,別れたカップルほど,情動的浮気をしていました。

男性と女性では,浮気と離婚との結びつきに対する考え方が異なるようです。バスとシャックルフォード (1997) は,107組の夫婦を対象に,浮気をする可能性と,離婚をする可能性について調べています。夫の場合,自分自身が浮気をする可能性と,離婚をする可能性との間に関連がみられました(浮気をする可能性が高いほど,離婚の危険性も高い)。しかし,妻に対する質問では,自分自身が浮気をする可能性と離婚をする可能性との間に関連性はありませんでした。つまり,夫は,自分が浮気をすると,それは離婚に結びつくと思っている

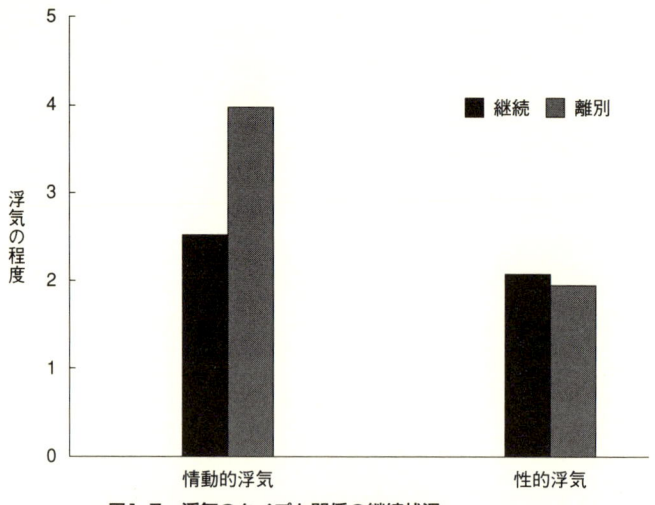

図1-5　浮気のタイプと関係の継続状況
（Drigotas et al., 1999のデータをもとに作成）

のに対して，妻は，自分自身が浮気をしても，それは離婚に直結しないと思っているようです。

第2章 人をだます

　1999年9月，私はスペインにいました。ある美術館の前で日本人の友人と2人で立っていたところ，地図を片手にカバンをたすきがけにした「旅行者」（男性）が近づいてきて，困った顔をして道を尋ねてきました。数日滞在していたこともあり，彼が探している場所がわかったため道順を説明していると，「私服警官」（男性）が近づいてきて「警察の身分証明書」を提示し，「こんなところでなんで紙幣の両替なんかしているのだ。最近は偽札が横行していて問題になっているぞ」といいます。これは濡れ衣です。自分たちはただ困っている旅行者に手を差し伸べただけなのです。「違う，違う，偽札の両替じゃない」と，私たち2人は，そして「旅行者」も必死に主張しました。「偽札じゃないなら，金を見せてみろ」ということで，日本円の1万円札何枚かをその「私服警官」に渡すと，彼は手際よくチェックして返却し去っていきました。一安心，疑いは解けた，ということで，「旅行者」と友好的に別れ，ほどなくして私たちはふとわれに返ります。あれが噂の「にせ警官」か。……確認してみると，たしかに1万円札が何枚か抜かれていました。そう，「私服警官」は「にせ警官」，「旅行者」はその仲間だったのです。「旅行者」の登場，彼に対する親切心の発揮，にもかかわらず嫌疑をかけられ立腹する，といった感情の操作，半袖で手際よく紙幣をチェックする「私服警官」……，私たちは気づかぬうちに，彼らが台本を書いた芝居にのせられ，見事大役を果たしたのでした。

　以上，恥をさらすようですが実話です。このように書いてくると，なぜ見破れなかったのか，と思うかもしれません。しかし，巧みに舞台にのせられた私たちはまったく気づかなかったのです。ちなみに，私の研究テーマは，人をだますこと，です。

第1節
うそをつくこと・だますこと

　本章のタイトルは,「人をだます」ですが,「だまし」という語と, それに関連する「うそ」「欺瞞」という語は, どのように違うのでしょうか。本節では, 人をだますことに関連する言葉の意味内容の説明から始め, この現象への導入としたいと思います。

　うそ (lie) と欺瞞 (deception), ともに似た言葉ですが, どこが違うのでしょうか。結論からいえば, うそのほうが狭い概念です。うそとは, 二宮 (1999) は「意図的にだます陳述をさし, 単なる不正確な陳述とは異なる」と, ホッパーとベル (Hopper & Bell, 1984) は「意図的に相手をだますような, 真実でない言語的陳述」としています。以上2つに共通する特徴は「意図性」であり, 加えて後者には「言語性」という特徴があります。

　一方, 欺瞞とはより広い概念です。ザッカーマンら (Zuckerman et al., 1981) は「欺き手が間違っていると思っている信念や理解を, 他者に引き起こそうとする行為」としています。欺瞞とは, 相手を言語でだますケースだけではなく, たとえば, もらってうれしくないプレゼントであってもうれしそうに微笑むといったように, 言語以外の非言語的手段を用いてだますケースも含まれます。場合によっては, 真実さえも相手をだますことに利用されます。必ずしもうそでなくても, 相手をだますことはできます。たとえば, 本当のことを冗談のような口調でいえば相手は信じないでしょうが, この場合うそはいっていないが相手をだましている, すなわち欺瞞に従事していることになります。

　以上, うそと欺瞞の違いを述べましたが, この2つの語は, 研究者においても, 人によりさまざまに捉えられているのが現状です。なお,「だまし」は欺瞞と同じ意味内容とみなせますが, deception の学術上の訳語としては「欺瞞」のほうが多いです。以下, 欺瞞という語は少し難しいかと思いますので, 差し支えない限り「だまし・うそ」という表記をしたいと思います。

第2節
日常生活におけるだまし・うそ

　日常生活は，だまし・うそにあふれています。本節ではまず，近年話題になった，いわゆる「オレオレ詐欺」について述べましょう。続いて，日常生活におけるだまし・うそについて，心理学ではどのような研究がなされているかについて説明します。

① 振り込め詐欺

　だまし・うそといった場合，実にさまざまな現象があるわけですが，ここでは「振り込め詐欺」（オレオレ詐欺）について見てみましょう。警察庁（2008）によりますと，振り込め詐欺は，いわゆるオレオレ詐欺，架空請求詐欺，融資保証金詐欺，還付金等詐欺の総称です。平成19年11月末現在，表2-1のとおり被害は多発しています。

　振り込め詐欺に関して直接的に検討した心理学的実証研究は，まだないようですが，この点に関連する心理学者による論考としては，海保（2006）や仁平（2006）が，心理学以外の視点からの論考としては，小坂（2005）があります。その他一般書としては，安斎（2005）なども参考になります。悪徳商法などからどのように身を守ればよいかについて，上記の本のいくつかで，「自分はだまされないという意識が危険である」と指摘されています。個人的には納得のいくものです。なぜなら，冒頭にも書きましたように，だまし・うそ研究に従事し

表2-1 「振り込め詐欺（恐喝）」事件の認知件数と被害総額（平成19年11月末）（警察庁，2008）

区　分	認知件数	被害総額（既遂のみ）
「振り込め詐欺（恐喝）」事件 （内　訳）	15,975件	約222億76万円
いわゆる「オレオレ詐欺（恐喝）」事件	5,734件	約129億4,031万円
架空請求詐欺（恐喝）事件	2,694件	約33億5,477万円
融資保証金詐欺事件	5,389件	約34億5,571万円
還付金等詐欺事件	2,158件	約24億4,998万円

ている張本人がだまされるわけですから。その他，警察庁のサイトでは，振り込め詐欺への対策として「すぐに振り込まない。一人で振り込まない」という指針を示しています。

② 日常生活におけるだまし・うそ

上記は犯罪領域のだまし・うそですが，私たちの日常生活にもだまし・うそはたくさんあります。日常生活におけるだまし・うその研究は難しいのですが，その代表例としてデパウロら (DePaulo et al., 1996) があります。彼女らは，日記法を用いて（研究参加者に日記を1週間携行してもらう），表2-2のように，うそをつく回数は男女とも1日2回程度，という結果を得ています（大学生の結果のみを示しました。実際の研究では大学生以外も調査対象になっています。なお，「うそだと思う」については，デパウロらの研究では調べられていないので空欄にしてあります）。この研究と同じ手法をとった村井 (2000) でも，これと類似した結果を得ています。だまし・うそというと日米差がありそうなものですが，そうではなく日米で非常に類似した結果であった，という点は興味深いでしょう。また，ロドリゲスら (Rodriguez & Ryave, 2002) も同じように，日常生活のだまし・うそについて検討していますが，大部分のうそは，提案，招待，賞賛，依頼，評価，不満の呈示，という場面で見られたとしています。加えて，うそは，提案されたり，依頼されたり，いわれたりしたことを受諾・拒否したいときに表れ，圧倒的に会話の応答側で生じていたとしています。

以上のように，日記法などを用いると，自身の日々のコミュニケーションの一端について気づくことができます。日々の些細なだまし・うそは，大なり小なり自動化されている行動ですので，自身の行動に気づくことは困難です。深刻なだまし・うそであれば別ですが，日々軽いうそをついたとしても，多くの場合それは記憶に残らないでしょう。日常生活におけるだまし・うそについて

表2-2 うその平均回数の日米比較 (DePaulo et al., 1996；村井，2000)

	デパウロら (1996)		村井 (2000)	
	男性	女性	男性	女性
うそをつく	1.84回	2.04回	1.57回	1.96回
うそだと思う			0.36回	0.36回

研究する場合，日記の携行の負担が大きい場合は（実際には，相当程度面倒なものです），ICレコーダーなどを用いてもよいでしょう。あるいは，携帯電話を利用するという手もあります。研究のための携帯サイトを構築し，だますたび，うそをつくたびに，サイトにアクセスして必要情報を入力していく，ということです。ともあれ，日記法は，心理学ではあまり用いられることのない手法ですが，実のところとても有効だと思います (Alaszewski, 2006)。

③ うそをつく動機

　だまし・うそという行動に出る際，通常何らかの理由があります。私たちは，日々どのような動機でうそをつくのでしょうか。ナップ (Knapp, 2007) は，大人がうそをつく主な理由として表2-3の10個をあげています。「大人の」と書きましたが，ナップによれば，これらの理由は子どもの場合と非常によく似ている，ということです。主に表2-3のような理由で私たちはうそをつくようですが，その一方で，動機が不明確である「病的な」うそも存在します。こうした点については，石垣 (2006) などを参考にしていただければと思います。

　さて，一般には，うそをつく動機づけの高い場合のほうが，うそをうまくやり遂げるのでは，と思うかもしれませんが，この点に関してはまったく逆であることを示唆する研究があります。すなわち，うそを遂行するためのやる気が高いゆえにかえってぼろが出てうまくいかない，ということなのですが，この現象をデパウロらは (DePaulo et al., 1988)「動機づけによる減損効果」(motivational impairment effect) とよび，それを支持する実験結果を得てい

表2-3　大人のうその主な理由 (Knapp, 2007)

罰を避けるため
自分自身を害から守るため
自分自身が報酬を得るため
他者を守る／助けるため
他者からの賞賛を得るため
厄介な／恥ずかしい社会的状況から脱するため
プライバシーを保つため
他者に力を行使するため
社会的期待を達成するため
楽しむため

ます（いくつか出ている結果のなかには，女性のほうが男性よりもこの効果が出やすい，といったものもあります）。

第3節 心理学におけるだまし・うそ研究

　これまで，心理学におけるだまし・うそ研究の一部について紹介しましたが，日常生活におけるだまし・うその実態を明らかにする研究は少ないですし，また，本章冒頭で述べたような「高度なだまし・うそ」についての研究はまずないのが実状です。それもそのはず，たとえば普段の生活における深刻なだまし・うそであれば，倫理的問題により研究にのせにくいということがありますし，本章冒頭のような，さながら芸術の域にまで達しているだまし・うそを実験状況に落とし込むのはなかなか難しいということもあるでしょう。それでは，心理学ではどのような研究がなされているのでしょうか。その一端を垣間見てみましょう。

① 社会心理学的なだまし・うそ研究

(1) だまし・うそ研究のパラダイム

　だまし・うそについて研究する際，うそ・本当の実験刺激を作成することがあります。この刺激作りが大変かつ重要なのですが，エクマン (Ekman, 1985) は，看護学部の学生たちに，大やけどを負った人のフィルムなどを見せ，感情の隠蔽を求めるという形でうそをついてもらいました。将来的に看護の現場に出る人にとって，こうした課題には十分に意味があります。実際の研究場面では，倫理に配慮しつつ，研究参加者に一生懸命うそをついてもらい，生々しい実験刺激を作成する，ということは，大変難しいです。エクマン自身も，実験室で人々にうそをつかせることの難しさについて述べています (Ekman, 1985)。

　エクマンが用いた上記の刺激作成法以外にも，態度，意見項目に事前に回答してもらった上で，その項目についてうそ・本当をいってもらったり，好きな人，嫌いな人について，好き嫌いを偽って話してもらったり，といった刺激作成法がとられています。こうしてでき上がった刺激を別の研究参加者に見せて，

うそ・本当をどの程度正確に見破ることができるか，という点について検討したり，あるいは刺激そのものを分析して，うそのときに多くなる行動特徴を探ったり，といったこともします。

(2) だまし・うそを見破る手がかり

こうした各種研究を総合し，158の行動特徴を検討したデパウロら (DePaulo et al., 2003) は，表2-4の結論を導いています。表の5つは，それぞれいくつかの個別的特徴からなります。たとえば，「社交的ではない」の下位要素としては，話す長さ，詳細について述べる，などの個別的特徴があり，それら個別的特徴ごとにうそ－正直の差を見ると，差の大きさはさまざまなのですが，それらを全体的に判断すると「うそつきは正直者よりも，より社交的ではない」傾向にある，と結論づけられるということです。ですので，個別的特徴の傾向を呈示せずに5つにまとめあげてしまうことには問題があるのですが，それぞれの特徴にまで言及すると長くなってしまいますので，ご興味のある方は元論文にあたっていただければと思います。

だまし・うそに限ったことではないのですが，あるひとつの研究で得られた結果では，うそをついている場合には○○が大きく変化する，というものもありますが，多くの研究結果をまとめあげるとごく小さな変化ということに落ち着く，ということはよくあります。したがって，あるひとつの研究結果から「うそつきの特徴は○○である」といい切ることは大変危険です。実際，表2-4のようにまとめられてはいますが，うそ－正直の差の大きさそのものは必ずしも大きなものではないことを強調したいと思います。

ところで，表2-4を見ますと，なんだ当たり前だ，と拍子抜けするかもしれません。たしかに常識の範囲を出ない結論が多いでしょう。ではありますが，

表2-4 「うそつき」の特徴（「うそつきは正直者よりも，より……」）

社交的ではない。
もっともらしくない話をする。
否定的印象を与える。
緊張している。
話に，通常見られる不完全さなどが少ない。

第1部●疑　念

だまし・うそを見破ることのできる劇的な発見など，なかなか期待できないのも事実です（そうした発見は，人間生活を破壊するものです）。もう少し広範な「うそ発見のガイドライン」については，後述します。

(3) だまし・うそに関する信念

これまでの研究からは，日常的行動特徴からだまし・うそを見破る安定的な手がかりは見つかっていません。また，私たちはうそを見破るのが苦手であることもわかっています。ミラーら (Miller & Stiff, 1993) は，それまでの研究結果を踏まえ，だまし・うそを見破る正答率がだいたいどの程度であったか，述べていますが，先行研究では「65％は滅多に越えない」「45％から70％の間」「チャンスレベル（まぐれ当たり）よりはよいが，それほどよいわけではない」などの知見があったとしています。ところが，私たちは「こうした特徴を示している人はうそをついているだろう」という，ある種の信念を持っています。うその信念について，比較文化的視点から検討した大規模調査を以下に紹介しましょう。

たとえば「うそをついている人は目が泳ぐ」といったような，うその手がかりに関する信念には，文化を超えた普遍性があるのでしょうか。グローバル・ディセプション・リサーチ・チーム (The Global Deception Research Team, 2006) は，この点に関して世界的規模の研究を行っています。研究1では，世界58カ国2,320名に対して，「人がうそをついているとき，あなたにはそれがどうやって分かりますか」という質問（原文はHow can you tell when people are lying?）について自由記述を求めていますが（複数回答可。11,157個の記述が得られたそうです），それらをまとめた結果が図2-1です。一見してわかるように，「視線をそらす」という回答が顕著に多いです（63.66％）。うそと視線の関係性に関する信念は，世界的規模で共有されているようです。

この研究は非常に素朴な質問紙調査です。単純な質問項目を用いた「ざっくり」とした調査ではありますが，上記のようなことが世界各国で認められるという結果は，注目に値するでしょう。この結果を逆手にとれば，世界のどこにいても，うそをつく際にはとにかく目に気をつけよう，ということになりましょうか。

第2章　人をだます

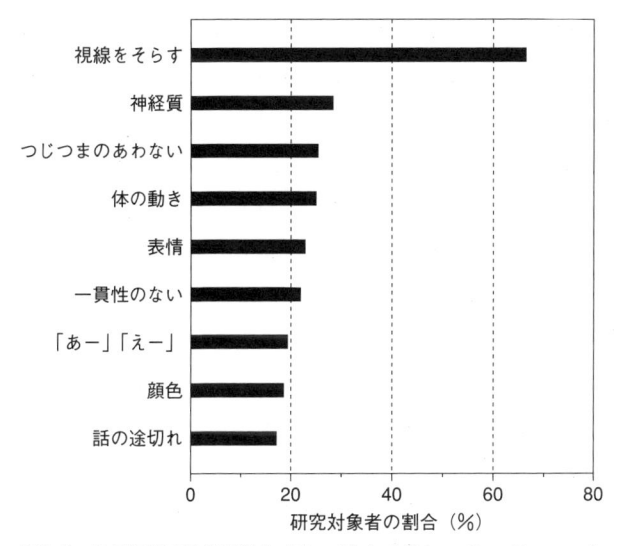

図2-1　うそに関する共通信念（The Global Deception Research Team, 2006）

（グラフ項目、上から下）
- 視線をそらす
- 神経質
- つじつまのあわない
- 体の動き
- 表情
- 一貫性のない
- 「あー」「えー」
- 顔色
- 話の途切れ

横軸：研究対象者の割合（％）　0, 20, 40, 60, 80

表2-5　「うそつき」を見破るためのガイドライン（Vrij, 2004）

1．「ピノキオの鼻」のように、ただそれだけを見ればうそがわかる、というサインは何もない。
2．うその手がかりを明らかにするには、「うそつき」は感情、認知的負荷を経験し、あるいは自分自身をコントロールするよう試みている必要がある。
3．うそをついているときに、より生起しやすい手がかりはある。
4．うその診断に役立つ手がかりがより多く見られるほど、その人がうそをついている可能性は高くなる。
5．「オセロ・エラー」を避けよう。
6．発言内容と非言語行動のミスマッチに注意し、そのミスマッチを説明してみよう。
7．その人の普段の行動パターン、発話パターンからの逸脱に注意を払おう（もし、そうしたことを知っているのであれば）。その逸脱を説明してみよう。
8．話すように仕向けよう。
9．話したことを繰り返させよう。
10．時間的順序に沿わないで話をさせてみよう。
11．疑いを持とう。
12．うそを見破ろうとする際は、発言内容と音声に注意を払おう。
13．潜在的なうそ発見の手法を用いよう。
14．うそ発見は、最初に話したときが最も容易かもしれない。
15．提供された情報をチェックしよう。

それでは，今度は立場を逆にして，「だまし・うそを見破るガイドライン」のようなものは存在するのでしょうか。ヴレイ（Vrij, 2004）は，これまでの研究から，表2-5のような15のガイドラインを呈示しています。

 表2-5で重要なのは1でしょうか。これを見ればうそだとわかる，などという手がかりはないのです。日常生活で，自分の直感・信念を過信しないことが重要だと思います。正直者をうそつき呼ばわりした後の人間関係の悪化は大変なことですから。なお，表中の「オセロ・エラー」とは，エクマン（Ekman, 1985）の命名によるもので，「正直な人であっても，緊張のためにうそをついているように見えてしまう場合があることを，考慮に入れない誤り」のことです。また，表中の「潜在的なうそ発見の手法」とは，おおまかにいえば，うそを見破ろうと明示的に構えないということです。見破ろうとすれば「うそつきは目をそらす」といったステレオタイプ的な顕在的指標に依存してしまい，より妥当な指標に注目しなくなる可能性があると考えられています。

② その他の心理学領域におけるだまし・うそ研究

 これまで，主に社会心理学の領域における，だまし・うそ研究について見てきました。ところで，「うそ」といってすぐに想起されるのは，いわゆる「うそ発見器」かもしれません（正確には「ポリグラフ」といいます）。「うそ発見器」は，実はその名のとおりうそを発見するものではなく，記憶を発見するものです。たとえば，札束をたんすから盗んだとされる容疑者に対して，「札束は引き出しにありましたか？」「札束はたんすにありましたか？」「札束は机の上にありましたか？」……と質問をしていき，「札束はたんすにありましたか？」への反応が他の質問への反応よりも顕著であった場合に，真犯人しか知らない記憶を有していると判断するのですが，このあたりの詳細については他書に譲りたいと思います（平ら, 2000）。ともあれ，呼吸，脈波，皮膚電気活動といった生理指標に基づき「うそ発見」（一般には「虚偽検出」ということのほうが多いです）を行う研究は，生理心理学において膨大な蓄積があります。そのほか，近年急速に発展してきたfMRIによる虚偽検出研究も盛んです。典型的には，研究参加者に何らかの行動をしてもらった後に，fMRIを用いて脳活動を見て，虚偽について検討するのですが，この点については阿部・藤井

(2006) が最新の成果をわかりやすくまとめています。そのほか，心理学では，発達心理学の領域において，子どものうその発達などについての研究が長くなされています。

③ 今後の研究の方向性

　心理学におけるだまし・うそ研究は，今後どのような方向に進む必要があるのでしょうか。先に引用したデパウロら (DePaulo et al., 2003) の研究では，対象とした120個の研究のうち，サンプルが学生である研究が101個，送り手と受け手が見知らぬ人どうしの研究が103個，うそが成功することへの動機づけがない研究が68個，送り手と受け手が十分に相互作用をしている研究が8個……などと，先行研究の特徴が表にまとめられています（これら以外にも，各種情報が整理されています）。これらだけからも，先行研究の対象・手法が大いに偏っていることがわかりますが，今後はこの偏りをなくすべく研究を進める必要があるでしょう。たとえば，面識のある人どうしで，うそが成功することへの動機づけを高めた状況で相互作用をするような実験状況を設定するなどです。もちろん，先行研究では，実験のやりやすさ，という観点からこのような偏りが生じていることは十分考えられますので，「偏りをなくすように実験を設定する」といっても実際にはなかなか難しいわけです。また，さらにこれまた実験の遂行が難しいということになるのですが，本章冒頭で述べたような「高度なだまし・うそ」についても，射程に入れる必要があるでしょう。

　なお，以上とは違った観点になるのですが，うそ発見の自動化，ということも今後の課題になります。インターネット時代においては，ネット上の文書の真偽判別が重要になりますが，コンピュータによるうその自動判別については二瀬 (2007) にまとめられています。2006年，「総務省が，ネット情報のうそ発見システムの開発に乗り出す」というニュースが流れましたが，その後が気になるところです。また，大本ら (2006) のように，視線・韻律・表情など非言語的側面に焦点を当てたうそ発見のシステム開発を目指す試みもあります。具体的には，ゲームを用いた人間同士のコミュニケーション実験を踏まえ検討した結果，うその判別に寄与する各種非言語情報（例：「目元よりも口元が早く動いたか」）を見出し，うその自動判別の可能性を示唆しています。このように，

うそ発見の自動化の研究も進展していますが，忘れてはならないことは，自動化の功罪でしょう。本当であるのにうそだと判定される可能性は常にある，ということです。これは，虚偽検出研究全般にもいえることです。

第4節 おわりに

　だまし・うそは興味深い現象です。ここのところ，食品の偽装など，あちこちで，だまし・うそにまつわる話題が聞かれます。財団法人日本漢字能力検定協会が，毎年，その年をあらわす漢字を選出していますが（京都の清水寺にて，「今年の漢字」が大きく筆書きされるシーンを見たことがある方は多いと思います），おりしも2007年の漢字として「偽」が選出されました。その理由として，相次ぐ食品偽装問題，政界に多くの偽り，老舗にも偽装が発覚，他にも多くの業界に「偽装」が目立った年，という4つの理由があげられています。ちなみに，第1位は「偽」（18.22％），第2位は「食」（2.69％），第3位は「嘘」（2.12％）ですので（財団法人日本漢字能力検定協会のウェブページより），だまし・うそが金メダルと銅メダルを獲得したことになります。それほど，だまし・うそが顕著だった年ということでしょう。

　日本はこれからどこに進むのでしょうか。だまし・うそが蔓延したので，沈静化すると考える方もおられるでしょうが，結局のところ，さらに新たなだまし・うそが，よりあばきにくい形で出てくる，そしてそれがまたいつの日か明るみに出て，ということの繰り返しになるような気もします。いずれにしても，だまし・うそという視点から人間・社会を眺めることは重要といえそうです。

第3章 人をうらやむ

　国税庁が毎年行っている「民間給与の実態調査」というものがあります。この調査によると，2006年12月31日現在の給与所得者，いわゆる「サラリーマン」1人当たりの平均給与収入（税金が引かれる前）は，435万円だそうです（国税庁, 2007）。しかし，業種別にみてみると，最も高いのが金融保険・不動産業（563万円）で，最も低いのが農林水産・鉱業（297万円）となり，業種によって大きな開きがあることもわかります。もちろん，このようなデータでなくても，週刊誌などで「業種別年収ランキング」が幾度となく特集されています。ある雑誌の調査によれば，生涯賃金で比較すると，上場企業の平均が2億円程度であるのに対して，放送局などメディア企業は軒並み4億円を超えているといいます（山田, 2007）。こうしたランキングを見ながら，「自分は懸命に働いてもこの程度なのに，あの業界はたくさんもらえていいな……」と，思わずため息をつきながらうらやんでしまう人も少なくないかもしれません。

　もちろん，人をうらやむことに無縁の人もいれば，それを励みに頑張ることができる人もいるでしょう。しかし，こうした気持ちをコントロールできず，場合によってはだれかを傷つけてしまうこともあるようです。たとえば，現代のいじめの特徴として，成績が良いとか，教師から目をかけられている人がいじめの対象に選ばれることが少なくないといいます（森田・清永, 1994）。これは，だれかをうらやむことが攻撃に転じてしまう一例かもしれません。この章では，人をうらやむことのメカニズムとそのダークサイドについて解説していきます。

第1節
うらやむとは何か

　「うらやむ」というのは，そもそもどういった心のありようを示す言葉なのでしょうか。広辞苑（新村, 2008）を引いてみると，「人の境遇・資質などが自分よりよいのを見てねたましく思う」とあります。また，古くは「嫉妬」も同じ意味で使われていたようです。しかも，もともとは「心（うら）」が「病む」状態を示し，あまり良い意味の言葉ではないこともわかります。

　さらに，「妬む」という言葉についても同様に調べてみると，「他人のすぐれた点に引け目を感じたり，人に先を越されたりして，うらやみ憎む」だけでなく，「男女の間でやきもちをやく」ことも含まれていると記載されています。どうやら，一言で「うらやむ」といっても，その内容は単純なものではないようです。

① 状況による妬みと嫉妬の区別

　先ほど述べたように，「うらやましい」に近い言葉には，「妬み」や「嫉妬」があります。こうした言葉は，日本語だけではなく，世界の多くの言語に共通して存在しています。たとえば，英語には，envyとjealousyいう表現があります。これらは，もともとその成り立ちからして異なるようで，envyが「悪意の目で見る」というラテン語から派生したのに対し，jealousyは「熱狂的な」というギリシア語がその起源だといわれています。

　もちろん，envyとjealousyの違いはその起源だけではありません。次に，この２つの感情が生じる状況について考えてみましょう。状況による両者の区別については，ハイダー（Heider, 1958）のPOXトライアッドを用いて整理してみると格段にわかりやすくなります（図3-1）。まず，自分が欲しがっている対象（X）をめぐって，自分（P）と他者（O）がいる状況を想定してみてください。ここでは，自分が持っていない対象Xを他者だけが持っているため，他者が持っているXを自分も持ちたいと望みます。これがenvyです。一方，jealousyでは，最初から自分は望ましい対象を所有しています。この場合の対

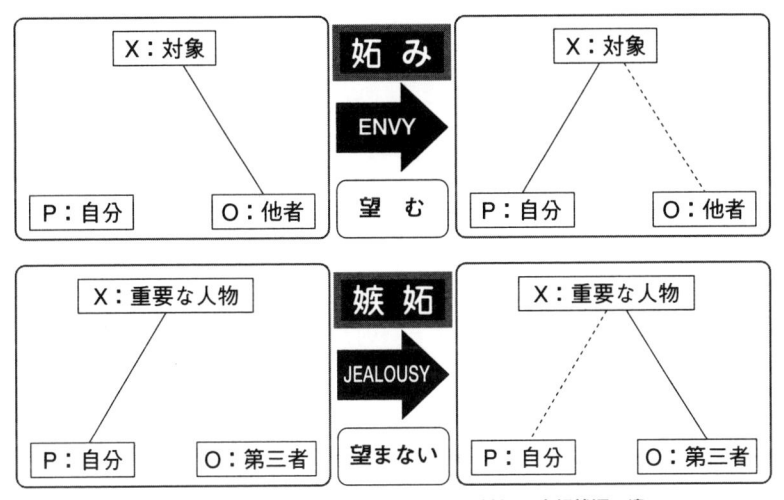

図3-1　POXトライアッドを用いた妬みと嫉妬の喚起状況の違い

象とは，実際は，物や能力などではなくて，自分にとって重要な人物を指すことが一般的でしょう。たとえば，恋人や母親がどれだけ自分に注意を注いでくれているかが一番の関心事なのです。そんなときに，どこの馬の骨ともわからない第三者が出現し，重要な人物との既存の関係が脅かされて不安になってしまう状態が，jealousyというわけです。

　つまり，envyは，自分にないものを欲する状態であるのに対し，jealousyは，自分にあるものを奪われるのを怖れる感情，ということになります。そう考えると，両者に日本語を当てはめる場合，envyには「妬み」が，jealousyには「嫉妬」（やきもち）が適しているといえるでしょう。

② 内容による妬みと嫉妬の区別

　たしかに，状況を冷静に分析してみれば，妬みと嫉妬はスッキリ分けて考えることができるかもしれません。しかし，実際に，私たちはどのようなものとして，それぞれの感情を体験ないし理解しているのでしょうか。
　パロットとスミス（Parrott & Smith, 1993）は，今までに自分が経験した妬みと嫉妬のエピソードを詳細に書いてもらう，という研究を行いました。すると，嫉妬としてあげられたエピソードのなかには，状況的には妬みともとれる内容

が58.9％も含まれていることがわかりました。POXトライアッドで触れたように，嫉妬では，好きな人の注意が自分に向いていないことが意識されている必要があります。しかし，好きな人から注意を向けられている時点で，ライバルは自分よりも優れていることにもなるでしょう。そのため，こうした状況では，ライバルと比較することによって生じる「妬み」も感じてしまうのかもしれません。その一方で，妬みのエピソードの中で，関係が脅かされていることについて触れられていたものは，わずか10.5％に過ぎませんでした。つまり，妬みの説明のなかに，嫉妬に該当するような内容はほとんど含まれていなかったことになるのです。

　また，わが国では，上杉ら (2002) による，嫉妬体験に関する研究があります。この調査は，「どういう場合に嫉妬したか」という質問を大学生に答えてもらうものでした。体験の内容を分類してみたところ，親しい人からの行為・愛情に関する嫉妬が7割近くを占め，残りは欲しいものや能力に関する嫉妬（いわゆる，妬み）についての報告であることがわかりました。

　これらの研究から，妬みと嫉妬の意味的な互換性を垣間見ることができます。実際，欧米でも，envy よりも jealousy という表現が用いられることが多いようですし (Smith et al., 1988)，わが国でも「妬む」より「嫉妬する」という言葉の方がよく使われるようです。つまり，欧米でも日本でも，嫉妬には妬みの意味も含まれているのに対して，妬みは嫉妬の意味をすべてカバーしているわけではない，ということがわかります。

　一方，妬みと嫉妬は，その特徴からして異なる感情とみなされているふしもあります。スミスら (Smith et al., 1988) は，実験参加者に，嫉妬と妬みの両方を強く経験したときのことを思い出してもらった後に，それぞれの感情の特徴を示すのにピッタリ合う言葉を評定させました。すると，妬みには，願望，切望，劣等感など，嫉妬には，疑い，拒絶，敵意，怒りなどがそれぞれ当てはまると判断されることが明らかになりました。つまり，妬みも嫉妬も，似たような感情だと考えられている一方で，その体験の内容は，かなり異なったものと認識されていることが示されたのです。

　嫉妬は持っている何かを失いそうなときに生じるのに対し，妬みは何かを持っていないときに生じるという点で異なった感情といえるでしょう。しかも，そ

の内容についても，よくよく調べてみると，かなり異なった感情として理解されていることも間違いないようです。

第2節 妬みと嫉妬の原因

　妬みと嫉妬は似て非なるものです。しかし，両者に共通しているのは，多かれ少なかれ，誰かと自分とを「比べる」ということを前提としている点です。この節では，他者と比べることが，どのようにして妬みや嫉妬を生み出すのかについて，ある理論を手がかりにしながら考えていきたいと思います。

① 自己評価維持モデルから見た妬み

　他者と自分を比べることを社会的比較（social comparison）と呼びます（Festinger, 1954）。社会的比較が提唱された当初は，正確な自己評価を得たいがために他者と比べるのだと考えられていました。しかし，その後，人間はポジティブな自己評価を維持・獲得しようと動機づけられており，そのためにも社会的比較を行なうこともあるとみなされるようになりました。こうした考え方のひとつに，テッサーら（Tesser et al., 1984）による自己評価維持モデル（self evaluation maintenance model）という理論があります。このモデルでは，「比較過程」と「反映過程」という2つの過程が想定されています（図3-2）。

　「比較過程」とは，自分が関心を抱いている内容（領域）について，他者と比べることです。このときに，他者が優れていると，自己評価は下がり，その結果として不快感が生じてしまいます。一方，「反映過程」とは，あまり関心のない領域についての比較であり，他者が優れていれば，自己評価は高まります。たとえば，日頃から得意とする教科について，友人が自分より良い点数を取ったとしたら，少なからずその友人を妬んでしまうに違いありません。しかし，その教科が，自分にとってあまり重要なものでなかったとしたらどうでしょうか。友人が何点取ろうと気にならないばかりか，むしろ出来の良い友人を誇りに思うかも知れません。自己評価維持モデルに従うと，他者が優れている領域が，自分にとっても重要であることが，妬みを経験するか否かのひとつの

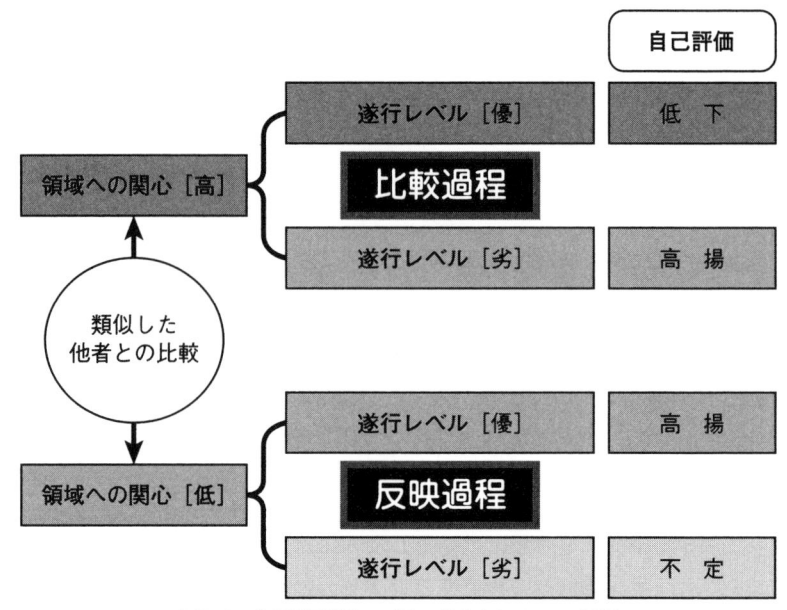

図3-2 自己評価維持モデルで想定される2つの過程

分かれ目ということになるでしょう。また，自己評価維持モデルに限らず社会的比較がなされる前提として，人は自分と心理的距離の近い他者，つまり性別や年齢，境遇など，さまざまな面で共通点のある相手を選んで比較する傾向にあると考えられています。もしそれが正しいのであれば，何らかの点で自分と類似している者に対して，より強く妬むことになるはずです。

はたして，自己評価維持モデルのとおりに妬みが生じているのでしょうか。大人を対象にした研究では，自分が関心を抱いている領域で成功した相手に妬みが抱かれやすいという報告が多くなされています (Tesser & Collins, 1988; 坪田, 1991)。たとえば，サロヴェイとロディン (Salovey & Rodin, 1984) は，医学，ビジネス，芸術の3つの職業領域にそれぞれ関心をもつ大学生を集めて，次のような実験を行いました。まず，学生たちに，職業適性に関するテストを受けてもらいます。次に，その結果について，ある特定の職業領域の得点だけが，平均よりも上か，あるいは下であったかという偽の情報を与えます。最後に，いずれかの領域で高得点をとったという別の学生が書いたエッセイを渡して，その

学生に対する感情を評定してもらいます。もちろん，このエッセイもあらかじめ用意されていたもので，学生がうまくいっている様子が記されていました。実験の結果，自分が関心を寄せる職業領域のテストで，平均をかなり下回るという結果を受け取った学生は，まさにその領域で成功しそうな学生に対して，最も強い妬みを経験するということがわかりました。

　一方，他者との類似性に焦点を当てた研究としては，昇進をめぐる妬みに関する調査があります (Schaubroeck & Lam, 2004)。この調査は，中国のとある銀行に勤務する銀行員たちに対して，昇進の決定（年収の約5％アップ）が知らされる前後2回に分けて実施されたものです。1回目（昇進決定の2か月前）は，ある同僚と自分がどれくらい似ているかという主観的な判断（認知された類似性）や，自分が昇進できるだろうという期待の度合いが測定されました。続いて，2回目（昇進の決定が通知されてから1か月後）の調査では，昇進の希望が通らなかった銀行員を対象に，昇進した人に対する妬みや好意が測定されました。分析の結果，同僚との類似性と昇進への期待の組み合わせによって，経験される妬みの程度が異なることがわかりました。つまり，自分が昇進するだろうとの期待が大きかっただけではなく，同僚がもともと自分と似ていたという判断によって，妬みの強さがより際立つことが示されたのです（図3-3）。

　ところで，これは大人だけに限ったことなのでしょうか。最近の研究によっ

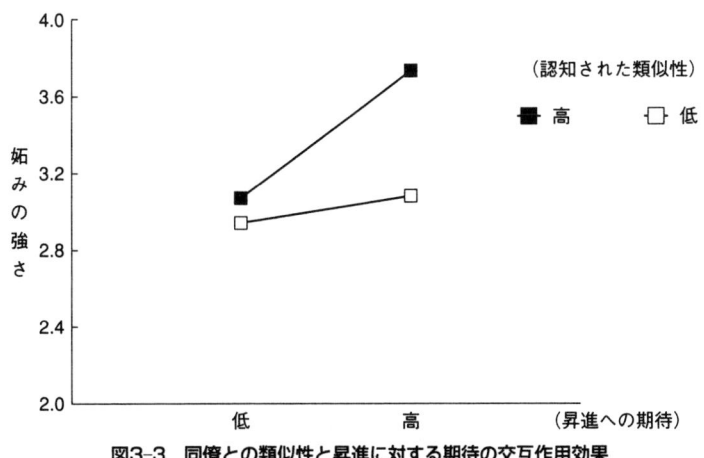

図3-3　同僚との類似性と昇進に対する期待の交互作用効果
(Schaubroeck & Lam, 2004より作成)

て，自己評価維持モデルによる予測は，子どもにも当てはまることが明らかにされてきています。たとえば，澤田・新井 (2002) は，小中学生を対象に，成績（テストの点数），運動（走る速さ），人気（友人の数）といったさまざまなことがら（領域）に対する重要度が，自分よりも優れた友人に対して生じる妬みに与える影響について調べました。その結果，小学生は，特定の領域を重視しているからといって，必ずしも妬みを経験しないことがわかりました。しかし，中学生になると，自分にとって重要だとみなされた領域については，もれなく妬みが生じやすくなることが確認されています。

また，小中学生の類似性の影響についても，友人が自分と同じくらいの能力だったか，もともと優れていたかという観点から検討されています (澤田, 2006a)。この研究では，これまでも出来が良かった友人がテストで自分より高い点数をとった場合よりも，同じくらいの成績だった友人に自分が抜かされてしまった場合のほうが，妬みやすい傾向にあることが示されました。ただし，この影響も中学生になってはじめて見られるもので，小学生では認められませんでした。

このように，数々の研究を通じて，私たちは，だれかれ構わず妬むのではなく，自己評価維持モデルで予測されたとおり，自分にとって重要な領域で，しかも，自分と類似した他者がうまくいったのを知ったときに，限定的に妬みを経験しやすいことが証明されました。しかも，こうした傾向は，年齢の上昇に伴って徐々に確かなものとなっていくようです。おそらく，思春期に近づくにつれて，自分にとって重要なものがはっきりと自覚できるようになり，それと同時に，他者との類似点や相違点にも敏感になっていくからかもしれません。

② 自己評価維持モデルから見た嫉妬

自己評価維持モデルによる予測が嫉妬にも当てはまるかどうかを検討した研究もあります。デステノとサロヴェイ (DeSteno & Salovey, 1996) は，嫉妬を引き起こすライバルの特徴に注目しました。彼らが行った実験は，まず，自分の恋人がある人物（ライバル）と仲良くしているという架空の場面を想像してもらうことから始まります。続いて，そのライバルが，3つの領域（運動，知性，人気）のいずれかの点で優れている（人気ライバルの例：彼（彼女）はかなりの有名人で，ひっきりなしにパーティーのお呼びがかかる）という情報が与え

られた後，ライバルに対して嫉妬をどれくらい感じたかを評定させることで終わります。実験の結果は，やはり自己評価維持モデルから予測されるとおりになりました。たとえば，人気が重要だと考えている者は，人気のあるライバルが恋人と仲良くしていることを想像した場合に，最も嫉妬を感じることがわかったのです（図3-4）。つまり，私たちは，恋愛関係であっても，自分にとって重要な領域で優れたライバルに対して嫉妬しやすい傾向にあるといえるでしょう。

　このような結果が得られた理由として，誰かにやきもちをやく，という状況には，ライバルに対する妬みも少なからず含まれていることがあるのかもしれません。POXトライアッドで説明したように，ライバルがパートナーの注意を惹いている時点で，ライバルは自分よりも優れた状況にあるといえます。ですから，この段階で，ライバルを妬んでいるとも考えられるでしょう。その上，ライバルが自分も関心を寄せる領域でも優れていたなら，その妬みはさらに増幅することが想像できます。つまり，嫉妬が妬みによって底あげされるというわけです。普通でも妬んでしまうような人に，自分のパートナーまでも奪われようものなら，嫉妬の炎はさらに燃え上がるに違いありません。

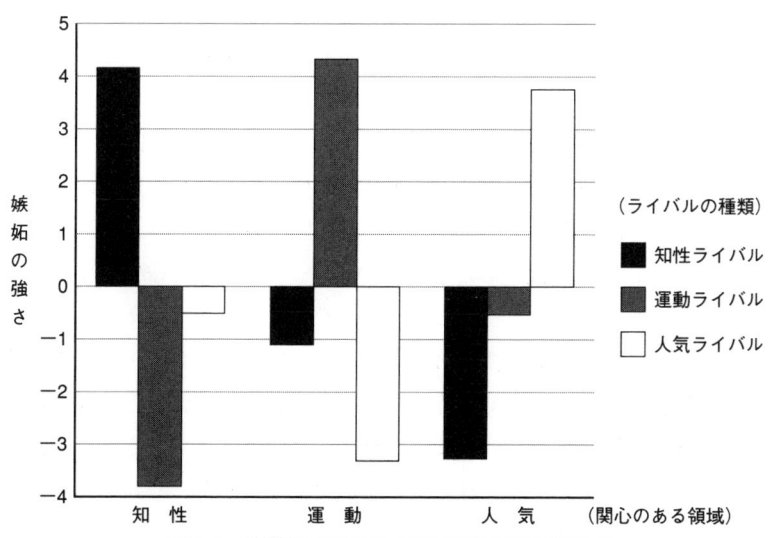

図3-4　各領域で優れたライバルに対する嫉妬の強さ
（DeSteno & Salovey, 1996より作成）

第3節
妬みと嫉妬のダークサイド

　誰もが好きで人をうらやんでいるわけではないことは当然です。できれば，妬みや嫉妬を経験しないで済ませたいと考えるのが普通でしょう。しかし自己評価維持モデルで説明できるように，私たちは些細なことで，人をうらやまずにはいられない存在であることも間違いないのです。そう考えると，妬みや嫉妬を経験しないようにコントロールするということは，至難の業であるように思えてきます。むしろ，感情を体験してしまった後にどうふるまうのか，ということのほうが重要なのかもしれません。しかし，残念なことに，妬みや嫉妬が高じて，人を傷つけたり，時には死に至らしめるような犯罪につながりかねないことが指摘されています（Pines, 1992）。この節では，妬みと嫉妬のダークサイドについて，攻撃行動と精神病理の2つに整理しながら詳しく見ていきたいと思います。

① 妬みのダークサイド

　社会学者のシェック（Schoeck, 1969）によれば，さまざまな犯罪のなかに，妬みが動機となって引き起こされているものが少なくないといいます。たしかに，連日報道されている事件にその片鱗を垣間見ることができます。たとえば，2002年9月14日，中国のある飲食店の店長が逮捕されました。彼は，自身が経営する店の売り上げが思うように伸びず，競合店に対する妬みから，その店の食べ物にネズミ駆除剤を混入したというのです。この事件の被害者は200名を超え，そのうち38名が亡くなったと報道されています。

　また，わが国ではこんな事件もありました。1950年7月2日，京都の鹿苑寺の舎利殿が何者かに放火されて全焼しました。俗に言う「金閣寺放火事件」です。犯人の動機は解明されないままでしたが，この事件はさまざまな憶測を呼び，これを題材とした数多くの意見や作品が生まれました。なかでも，三島由紀夫の『金閣寺』が有名です。この作品では，金閣の美しさに対する憧れと反感が放火の動機のひとつと考えられています。つまり，自分とは比較にならな

いほどの美しさを備えた金閣に対する妬みによって放火したのではないか，という解釈です。

　もちろん，これらはいささか極端な例かもしれません。しかし，人は時として，妬みをネガティブな形で表わすことがあるのは，どうやら事実のようなのです。

(1) 攻撃行動

　妬みがさまざまな攻撃行動の引き金になりかねないと考える研究者は少なくありません (Fromm, 1964; Silver & Sabini, 1978)。たとえば，土居・渡部 (1995) は，子ども同士の熾烈ないじめの背景に，いじめる側の妬みが存在しているのではないかと述べています。実際，清永ら (1985) の調査でも，決してその数は多くないものの，「わたしをひがんだり，しっとして」自分をいじめたのだと答える中学生がいたことが報告されています。また，澤田・新井 (2002) も，小中学生を対象とした調査を通じて，相手に対する妬みが，その相手を叩いたり悪口を言いふらすといった破壊的な行動と結びつく可能性を指摘しています。

　ただし，これらの研究は，あくまで子どもの自己報告に頼ったものばかりです。はたして，妬みやすい子どもは，実際に傍から見ても攻撃的に振る舞っているのでしょうか。

　この点を明らかにしようとした澤田 (2006a) の研究では，小学生に対する自己報告と，各クラスの担任教師による子ども1人ひとりの行動評定を組み合わせた検討がなされています。この調査の結果，社会的望ましさ（自分を良く見せようとする傾向）が低い子どものなかでも，とりわけ妬みやすい傾向にある男子は，教師の目から見て攻撃的であると判断されやすいことがわかりました。女子よりも男子のほうが，自分が感じた妬みをうまく処理できず，叩いたり文句を言ったりといった目に見える形で攻撃しやすいのかもしれません。

　では，大人はどうなのでしょうか。残念ながら，大人の妬みと攻撃行動の関係を直接扱った研究はほとんど見当たりません。しかし，最近の研究によって，ともすれば攻撃行動の引き金になりかねない状態と妬みが密接に関連していることが明らかにされつつあります。たとえば，シャウブロークとラム (2004) は，職場の同僚が昇進したことに対する妬みは，昇進が不公正であるという感覚を

介して，同僚への好意を低めてしまうことを示しました。また，スミスら (Smith et al., 1996) は，妬んだ相手が不幸に見舞われると喜びやすくなるという実験結果を報告しています。他者の不幸に対する喜び（シャーデンフロイデ）の喚起に妬みが作用していることは，わが国の小中学生に対して実施された調査でも確認されています (澤田, 2003)。

こうした研究を通じて得られた知見は，妬みが直接攻撃行動と結びつくというよりは，妬みが嫌悪感やシャーデンフロイデを介して攻撃行動に間接的につながるかもしれないことを示唆するものといえるでしょう。いずれにしても，妬みとネガティブな行動の関連性についての実証的な研究はまだ数が少なく，今後の進展が期待されるところです。

(2) 精神病理

妬みの精神病理的な側面については，主に精神分析学の領域で論じられてきました。たとえば，ジョフィ (Joffe, 1969) は，自身の妬みに対する耐性が低い人は，さまざまな精神障害にかかりやすいと主張しています。また，ホーナイ (Horney, 1937) によると，被害妄想や誇大妄想といった症状の発現と維持に，妬みがとても重要な役割を担っているとされています。

さらに，妬みと密接なかかわりがあるのではないかと古くから議論されているものに自己愛（ナルシシズム）があります。フロイト (Freud, 1925/1961) は，自身の自己愛的な傷を認めることが，他者を妬んでしまうことにつながると論じています。事実，精神障害の国際的な分類基準のひとつであるDSM-IV-TR (American Psychiatric Association, 2000) には，自己愛性人格障害は妬みと無関係ではないことが明記されています。自己愛性人格障害とは，誇大性や過度の賞賛欲求，共感性の欠如などを特徴とするパーソナリティの障害ですが，その診断基準のひとつに，「しばしば他人を妬む。または他人が自分を妬んでいると思い込む」という症状が盛り込まれているのです。

妬みが精神障害のさまざまな精神症状と関連していることについては，思弁的なものだけでなく，実証的なデータも揃ってきています。たとえば，サロヴェイとロディン (1984) によると，妬みを経験しやすい人は，同時に不安や抑うつも感じやすいことが示されています。また，ゴールド (Gold, 1996) の調査では，

妬みやすい人は，不安や抑うつだけでなく，強迫性などの精神症状を呈しやすいこともわかっています。さらに，妬みやすい中学生は，妄想様観念（健常者に見られる妄想に似た考え）を抱きやすいとの報告もあります（澤田，2006b）。

このように，妬みは，病的な状態と少なからず関係がありそうです。本来なら妬まなくても済むようなことについても，自分が不当に扱われているという考え（たとえば，妄想様観念）が高じると，妬んでしまうかもしれません。また，その逆もしかりです。なぜなら，強く妬み続けることによって，何らかの精神障害にかかってしまう可能性や，そもそも妬みやすいこと自体がひとつの症状とみなせることも否定できないからです。いずれにしても，他者に対する妬みがあまりに慢性的であったり，正常の範囲を越えてしまったりして，本人や周りの人が苦痛を感じているような場合には，特別な配慮や治療が必要となるでしょう。

② 嫉妬のダークサイド

シェイクスピアの有名な戯曲『オセロー』のテーマは，まさしく嫉妬による狂気といっても過言ではないでしょう。ベネチアの優れた将軍であったオセローは，イアーゴーから事実ではない話を吹き込まれます。自分の妻であるデズデモーナが浮気をしているという話です。オセローは妻の浮気を強く信じ，その思い込みが原因で，実際には浮気などしていない彼女の首を絞めて殺害してしまいます。しかし，その後，すべてがイアーゴーの策略だったと知ったオセローは，自らもその命を絶ってしまうのです。

こうした殺傷事件にまで発展してしまうような嫉妬は，たしかに常軌を逸したものかもしれません。しかし，嫉妬という激情にかられて誰かを傷つけてしまうその心情が十分に理解されるからこそ，この種の話を私たちが好んで止まないのかもしれません。

(1) 攻撃行動

嫉妬は，もともとパートナーとの間に結ばれていた関係が，ライバルの出現によって脅かされる状況で経験される感情です。妬みがないものねだりなのに対して，嫉妬は自分が持っているもの（人物）を保持するという点で正当化さ

れうることも手伝ってか，妬みよりも激しい感情であることが知られています(Sullivan, 1956)。

　嫉妬が原因となって生じる攻撃は，ライバルよりもむしろパートナーに向けられることが多いようです。ポールら (Paul et al., 1993) によれば，パートナーが自分を裏切ったという思いから，パートナーに怒りの矛先が向けられやすいと述べています。

　では，パートナーにどのような攻撃がなされるのでしょうか。恋人に対して嫉妬を感じた後にとられる対処行動を調査した三浦・奥山 (2003) の研究では，「恋人に暴力を振う」とする項目の平均値が最も低いことが報告されています。つまり，嫉妬したからといって，暴力に訴えることはけっして一般的なことではないということです。むしろ，この調査では，「恋人からの連絡に応じない」というように，恋人との接触を拒絶するような形での攻撃行動がとられやすいことも示されています。

　欧米の研究者も，パートナーが嫉妬するように他の人とデートをしたり，パートナーを無視するといった，あくまでコミュニケーション上の攻撃行動が多く行われることを指摘しています (たとえば，Bryson, 1991; Buss, 1988)。こうした攻撃行動には，パートナーに罪悪感を抱かせたり，自らの不貞を悔やんだりさせるという意味で，建設的な機能があるとも考えられています (Paul et al., 1993)。

　また，恋愛関係ではなく友人関係で生じる嫉妬でも，同じような攻撃行動がもたらされることがあるようです。パーカーら (Parker et al., 2005) は，10歳から15歳までの子どもを対象とした調査を行いました。その結果，親しい友人関係で生じる嫉妬が，その友人を無視するといった行動と結びつくことを報告しています。

(2) 精神病理

　ポールら (1993) が指摘するように，嫉妬による攻撃にはそれなりの効果があるのかもしれません。しかし，万が一，パートナーが浮気をしていなかったらどうでしょうか。パートナーは，いわれのない非難や無視にただ困惑するばかりに違いありません。

　高橋 (2006) によると，精神科で対応しなければならないような病的な嫉妬の

大半は，嫉妬妄想とみなすことができるといいます。嫉妬妄想とは，その名のとおり，パートナーが浮気をしているという妄想を指します。妄想は事実に反する強い思い込みですから，周りの人たちがその考えをいくら訂正しようとしてもかなわない場合がほとんどです。

　嫉妬妄想は，アルコール依存症，アルツハイマー型認知症，統合失調症など，さまざまな精神障害にみられる精神症状です (船山・濱田, 2006)。たとえば，嫉妬妄想を呈する患者55例中23例（約40％）は，統合失調症との診断を受けていることが報告されています (高橋, 2006)。ただし，統合失調症の患者の嫉妬妄想は，妄想上のライバルが1人ではなく複数である場合が多く，ライバルが誰かということに関心が示されない症例もあることから，広い意味での妄想の一端に，嫉妬妄想と解釈できる内容が含まれているとも考えられるでしょう。また，嫉妬妄想は若年者より高齢者に多く，認知症に特徴的に見られる嫉妬妄想は，誰かに何かを盗まれたと信じ込む「物とられ妄想」の変形という見方もあるようです (船山・濱田, 2006)。

　いずれにしても，妄想は訂正されにくいことから，なかなか歯止めがきかないという特徴があります。そのため，嫉妬妄想が殺人事件の主な動機となっているという見解があるほどです。たとえば，モウワット (Mowat, 1966) は，嫉妬による殺人事件または殺人未遂事件110件で，不幸にもパートナーがその被害者となってしまう割合は80％にのぼり，しかも，男性が女性を傷つける場合が圧倒的に多いことを指摘しています。

　ただし，アメリカにおいては，嫉妬によって殺人まで引き起こしてしまう男性の数は，全体の0.1％にも満たないとの指摘 (Hupka, 1991) は，気にとめておくべき重要な事実かもしれません。常軌を逸した嫉妬によって凄惨な犯罪が発生する可能性は否定できません。しかし，嫉妬したからといって必ずしも悲劇的な結果が待っているわけではないのです。

第4節 妬みと嫉妬を乗り越えるために

　これまで述べてきたように，人をうらやんだりやきもちをやいたりすること

は，時には犯罪とも結びつきかねない厄介な感情です。しかし，私たちは，こうした感情を体験したとしても，なんとかその苦しみから逃れようと普段から何らかの努力をしているはずです。この節では，人をうらやんだときに私たちはどうしているのかを調べた研究を紹介しながら，妬みと嫉妬を乗り越えるためのヒントを探っていくことにしましょう。

① 妬みの対処法

　サロヴェイとロディン (Salovey & Rodin, 1988) は，大学生を対象とした調査を通じて，妬みを減じるのに効果的な3つの対処 (coping) を見いだしています。それは，できるだけ感情を表わさず，他人に援助を求めない「自己依拠」，自分のポジティブな面に目を向ける「自己補強」，重要なものからあえて目をそむける「選択的無視」です。また，澤田・新井 (2002) の研究では，積極的な努力や認知的な回避といった対処が，小中学生の頃から用いられていることもわかっています。私たちは，人をうらやんだからといっても，すぐに攻撃するわけではなく，さまざまな対処を選択しているようです。

　一方，人をうらやむという経験自体をポジティブにとらえることも有効だと考えられます。たとえば，ジョフィ (1969) は，妬みを経験することによって，自分が何を欲しがっているのかをはっきりと自覚することができるというポジティブな効果があることを指摘しています。このように，妬みという感情を冷静に受け止めることができれば，自分を高めるような建設的な努力につなげることも不可能ではないはずです。

② 嫉妬の対処法

　三浦・奥山 (2003) の研究では，恋愛で嫉妬を経験した大学生が用いる対処行動として，「恋人と率直に話し，状況を説明してもらう」や「自分の魅力を高める」といったものが見られています。また，パインズ (1992) は，恋愛関係で生じる嫉妬に対処していくために，とにかくその嫉妬にかかわる問題をはっきりと認識することが最も重要だと述べています。何について嫉妬しているのかをできるだけ冷静に考えなおしてから，相手（パートナー）とじっくり話し合うことが効果的だというのです。たしかに，自分が嫉妬しているということは，

なかなか認めがたい事実かもしれません。しかし，何が問題なのかをはっきりさせなければ，先に進むことはできないでしょう。

　妬みと同様に，嫉妬するということは，どれほどパートナーを大事に思っていたかの裏返しでもあります。嫉妬をきっかけとして，いままで話せなかった思いも含めて率直にパートナーと話し合うことができれば，以前よりも深い絆が得られることもあるでしょう。

　最後に，妬みと嫉妬の対処法について簡単に触れました。とはいえ，人をうらやむことには，どうしても陰湿なイメージがつきまといます。条件さえそろってしまえば，おそらく避けようのない体験であることはこれまで述べてきたとおりです。しかも，時として，私たちを狂気に駆り立ててしまうネガティブな感情であることも間違いないのです。やはり，私たちは，人をうらやむことから逃れることができない存在なのでしょうか。

　　友がみなわれよりえらく見ゆる日よ　花を買ひ来て　妻とたしなむ

　これは，石川啄木の歌集『一握の砂』(石川，1949)に収録されている歌です。成功した人が自分と親しければ親しいほどに，うらやましさを禁じ得ないでしょう。しかし，たとえ誰かをうらやみ苦しむことがあったとしても，目の前にある些細な幸せを実感することで受け流すことができたら，どんなに楽になれるでしょうか。おそらく，妬みや嫉妬を乗り越えていくために最も大事なのは，人をうらやんでいる自分の気持ちに気づきながら，それにとらわれ過ぎずに暮らしていくことなのかもしれません。

第4章 人のせいにする

　親しい人との口げんかによくあるセリフに、「こんなことになったのは、おまえのせいだ！」「どうして私のせいなのよ！　あなたのせいでしょ！」（男性の読者は適宜セリフを変えてください）という責任のなすりあいをするものがあります。悪いことをしたときに、自分のせいだと考えるのは不快なもので、つい人のせいにしてしまいます。責任を押しつけられたほうは、相手の責任だと思っていたので、たまらず声を荒げて、責任の所在を明らかにしようとするのです。

　どんなに責任のある立場の人でも、責任転嫁することはあります。政治家が不祥事などの問題を起こしたときには、責任のある立場だけに「政治責任をとれ」という意図の報道がよくなされます。しかし、実際に政治責任をとった政治家はほとんど思い浮かびません。不祥事を釈明する記者会見では、「自分は悪くない」といい、責任をとらないばかりか、「秘書がやったこと」などと他者に責任を取らせようとすることすらあります。しかし、一方で大臣が汚職の責任をとって自殺をした例があるように、責任を感じて自殺する議員もいます。

　日常生活では、責任転嫁ばかりしている人もいますが、自己批判ばかりして落ち込んでいる人にも出会います。よそ見をしていて他人にぶつかってしまったときに、「どこみてるんや！」と責任転嫁して怒る人もいれば、「すいません」と言って深々と頭を下げる人もいます。このように、同じ出来事に対して180度異なる態度を取るのはなぜなのでしょうか。本章では、責任転嫁（other-blame）、自己非難（self-blame）を決定する要因やその機能について考えてみたいと思います。

第4章　人のせいにする

第1節
出来事の責任は誰にある──原因帰属の心理

　不祥事などの失敗だけでなく，日常的には些細な失敗でも，責任転嫁，自己非難は起こります。この節では，さまざまな責任のとらえ方とその後の行動の関係について紹介したいと思います。

例題1　次の文章を読んで，その出来事が自分の身に起こったこととして想像してください。

> 　今日は，大切な試験の日です。前の日にお母さんに起こしてほしいと時間を言っていましたが，一度返事をしてまた寝てしまったようです。結局1時間も遅く起きてしまい，試験開始時間には間に合いそうもありません。

　質問　この出来事の原因を考えてください。さまざまな原因が考えられると思いますが，最大の原因を1つ選んでください。

　例題1にあげた出来事は，経験がある人が多いのではないでしょうか。そのときに，お母さんが悪い，または自分が悪いなどと起きることができなかった理由を考えたこともあったと思います。このように，ある出来事の原因を説明することを原因帰属（causal attribution）といいます。物事の原因は無数にありますが，エイブラムソンら (Abramson et al., 1978) によれば大きく分けると原因帰属には3つの次元があることがわかっています。1つは，出来事の原因を自分であると考えるか，他者であると考えるかという内的─外的次元です。例題1の場合は，自分自身が原因であると考えれば，内的帰属となります。また，お母さんと考えれば外的（他者）帰属と言います。もう1つは，原因が将来も存在しているか，どの程度時間的に安定しているかという安定性の次元です。能力や性格は安定的な原因ですし，努力や気分，天候は不安定的な原因と言えます。最後の1つは，出来事が起こった特定の状況だけに影響する原因か，そ

れとも生活全般に影響する原因かという全般性の次元です。先ほど述べた能力や性格は様々な状況で影響を与える原因ですし，努力は特定の状況のみに影響する原因といえます。このほかにも統制可能性や意図性という次元を含める研究者もいます。

　原因を推論した後には，感情や行動が変化します。例題1では，自分が二度寝してしまったことが原因だと考えれば，たいていの人は「もう二度寝しないでおこう」と反省するのではないでしょうか。逆に母親が十分に起こしてくれなかったためだと考えれば，「母親に文句をいってやろう」など他者を非難する結果になるでしょう。さて，この2つの原因帰属のうち，どちらの原因帰属が自分自身にとって良いと思いますか。答えは明白だと思います。自分に責任があると考えると，行動の修正が動機づけられるので，より適応的だと言えるでしょう。母親に責任転嫁した場合は，母親からは「もう二度と起こしません」など怒りを買い，かえってもめごとを抱える羽目になるかもしれません。このように，責任転嫁は不適応的側面を持つと言えます。

第2節
人のせいにしたら，どうなる
―責任転嫁と自己非難の原因と結果

　この節では，自己非難と責任転嫁の例題をそれぞれあげて，どのようなプロセスが働いているのかを見ていきたいと思います。

例題2　次の文章を読んで，その出来事が自分の身に起こったこととして想像してください。

> あなたは，つきあって間もない恋人がいましたが，非常に魅力的な異性に出会い，デートをしました。しかし，そのことが恋人に知られてしまいました。

　質問　この出来事の原因を考えてください。さまざまな原因が考えられると思いますが，最大の原因を1つ選んでください。また，経験する感情とそ

の後の行動を1つあげるとすれば何になるでしょうか。

例題2は，明らかに道徳的な規範から逸脱した状況です。おそらくほとんどの人が「出来心」など自分の一時の行動に関する原因をあげたかと思います。経験する感情は，罪悪感や後悔が多く，行動は謝罪や補償行動（例：恋人におわびのプレゼントを買う）などが考えられます。このように，自分の行動に原因があると考え，罪悪感を経験すれば，その行動を修正して悪く思われないようにするというプロセスが考えられます。「出来心」は帰属の次元で言えば，内的，不安定的，特殊的次元となりますが，この3つが揃えば罪悪感の経験は適応行動の動機づけとなるわけです。こうした原因帰属と罪悪感，補償行動の関係はさまざまな研究で支持されています（有光, 2007）。また，罪悪感の対処行動を調べた研究（有光, 2008）では，関係改善行動は罪悪感の回復期間を遅らせますが，対人関係の改善には有効であることが明確にされています。自分の苦痛の低減は長引くが，自分の責任を感じて補償行動を行ったほうが対人関係上は良いということです。

自分以外の原因としては，誘ってきた魅力的な相手が悪い，誘いにのる隙を与えた恋人が悪いと考えることも可能でしょう。この場合は，罪悪感を経験せず，苦痛はあまり感じないでしょう。しかし，「自分は悪くない，むしろあなたが悪い」という態度は不道徳な状況だけに相手の理解は得られず，怒りを買い，結果的に恋人関係は終わりを迎えるかもしれません。

例題3 次の文章を読んで，その出来事が自分の身に起こったこととして想像してください。

> あなたは，入念に準備した資料を上司に見せに行きました。しかし，上司は細かな点について指摘し，「いつもまったく準備がなっていない」と同僚の前であなたを怒鳴りつけました。

質問 この出来事の原因を考えてください。さまざまな原因が考えられると思いますが，最大の原因を1つ選んでください。また，経験する感情とその後の行動を1つあげるとすれば何になるでしょうか。

例題3を読んだときには，自分にも過失があるが上司が言いすぎであると考え，「ひどい（性格の）上司だ」などと上司にも責任があると考える人が多いでしょう。そして，自分の過失については恥ずかしく思い，怒鳴られたことについて屈辱を感じ，上司に怒りを経験すると考えられます。こうした原因帰属と感情の関係を，トレーシーとロビンス (Tracy & Robins, 2004) などの理論にしたがって説明します。もし上司の言葉に耳を貸すなら，「いつも失敗している」というわけですから，自分の能力が原因となり，恥や屈辱感を経験することになります。恥や屈辱感を経験すると，自己評価が低下します。自己評価が下がることは大きな脅威ですから，なんとか維持しようと努力します。例題2の場合は，自己評価の維持のために補償行動を行うことができましたが，能力を否定された場合は「自分は能力が低いのだから，何もできない」などと考え，対処しようとする動機が低くなり，対処自体が難しくなります。そのため，傷ついた自己評価の代わりに，上司の責任を大きく見積もり責任を転嫁しようとするのです。また，上司の性格は，帰属の次元でいえば，外的，安定的，全般的となります。「この上司はいやな性格だから，これからもいやなことをするに違いない」などと考えると怒りを覚えやすいのです。実際に，恥の経験の原因は，批判した人だと思われやすく，批判した人への攻撃と関係することが明らかにされています (Tangney et al., 1996)。批判や他者非難は，面目を守るための仕返しの攻撃や殺人につながることすらあります (Tedeschi & Felon, 1994)。

　例題3のような事例は，モラル・ハラスメントといわれ，今日問題視されています。阿部らの研究 (阿部・高木, 2005) では，怒りを向けられた人が正当だと思わないと，責任受容は起こらず，責任を回避し，問題解決ができなくなることが示されています。また，阿部らは，怒っている人がどんなに正当だと思っていても，怒りを向けられた人の責任受容や問題解消につながらないことも明らかにしました。自分が正当だと思っていても，罵倒するといった部下が納得できないような形で怒るのは対人関係の悪化を招くため，止めたほうがよいということです。

　例題3でも，上司について気にならない，単に自分の行動が悪かっただけと考えれば，罪悪感の経験となります。上司に敵意を持って，何か自己主張をしても，阿部らが指摘するように相手が正当だと思わないと解消することは難し

いので，わりきって自分の行動を修正したほうが適応的かもしれません。

第3節 人のせいにしたほうがよいのか
―責任転嫁，自己非難と適応

　自己非難と責任転嫁の心理について主に原因帰属と感情の観点から説明してきましたが，この節では原因帰属と適応の関係に関するこれまでの研究を紹介したいと思います。

　原因帰属と適応の関係に関する代表的な理論として，改訂版学習性無力感理論 (Abramson et al., 1978) があります。この理論は，自分の失敗に対して自分の能力や性格が原因と考えると，すなわち内的，安定的，全般的帰属を行うと，抑うつとなるというもので，うつ病のモデルとして社会心理学，臨床心理学の分野で注目されてきました。エイブラムソンは，帰属傾向を測定する質問紙を作成し，内的，安定的，全般的帰属の傾向が高い人ほど，抑うつ得点が高いことを明確にしています。実験場面でもパフォーマンスを失敗した後に外的帰属を行うと，より肯定的感情を経験することがわかっています (Snyder & Higgins, 1988)。さらに，エイブラムソンの共著者のセリグマンは，失敗に対して外的，不安定的，特殊的帰属を行う傾向を学習性楽観主義として注目し，企業における成功者は楽観主義傾向が高いと述べています (Seligman, 1991)。エイブラムソンやセリグマンの考えからすると，失敗したときに自分の責任と考えるよりも他者に原因を求めた方が，少なくとも感情の適応は良くなると考えられます。

　自己非難は，対人不安，抑うつ，恥という精神病理の指標や，怒り，敵対的態度と関係することがわかっています (Gilbert & Miles, 2000)。また，人前に出ることができない，人と話すのを避けるなど症状を持つ人は，社会不安障害という精神疾患と診断されますが，こうした人々も内的帰属（自己非難）傾向が高いことが指摘されています (Heimberg et al., 1989)。自己非難は対人関係における感情にも関連します。たとえば，否定的な出来事に対して内的帰属を行いやすい人は孤独感を経験しやすく (Anderson et al., 1994)，夫婦間の問題を自分自身が原因であると考える傾向にある人は抑うつに陥りやすいことが示されています

(Heim & Snyder, 1991)。さらに，近親者の死に際して自己非難をする人は50％程度いますが，自己非難は精神的健康を悪化させる要因となります (坂口, 2003)。自己非難と関連するストレスの対処行動として，責任受容 (accepting responsibility) があります。責任受容とは，自分の誤った行動を自覚し，反省する対処方略です (加藤, 2007)。加藤 (2007) は，責任受容と精神的健康の関係を扱った29の研究をまとめ，そのうち20の研究で責任受容がネガティブな精神的健康と関係することを示しています。このように，自己非難はさまざまな心理的不適応につながると考えられます。

第4節
自分の責任も感じるとよい─自己非難のすすめ

例題4 次の文章を読んで，その出来事が自分の身に起こったこととして想像してください。

> 少し遅れて家を出たため，急いで電車に乗ろうとホームに下る階段を下りようとしたときでした。見えない位置から階段を上ってきた人がいて，強くあたってしまいました。その拍子に階段を何段か落ちてしまい，腕の骨を折る怪我をしてしまいました。全治3か月ということで，しびれが残るのでリハビリが必要という診断でした。

質問 この出来事の原因を考えてください。さまざまな原因が考えられると思いますが，最大の原因を1つ選んでください。

例題4の原因を考えた場合，一般的には「運が悪かった」「相手の人の不注意」「自分の不注意な性格」などが多く，「家を出る時間」をあげる人は少ないのではないでしょうか。こうした原因帰属のなかで，バルマンとウォートマン (Bulman & Wortman, 1977) は，「自分の不注意」と考えることの利益を報告しています。彼らは，事故で半身不随になりリハビリをしている人々を対象に，自責の念，他者への責任帰属，身体障害への対処の関係を検討し，自責の念が高いほどリハビリ等の身体のケアを行っていることを明らかにしました。この結果

は，前節の説明と異なり，自分のせいだと考えたほうが適応的だということになります。

なぜ，自己非難が適応的であったり，不適応だったりするのでしょうか。ジャノフ-バルマンとトーマス (Janoff-Bulman & Thomas, 1989) によれば，自己非難には行動への自責と性格的自責の2種類があり，行動への自責は適応的価値を持つと指摘しています。例題4では，「家を早くでるべきであった」と考えれば行動への自責，自分が不注意な性格であるとかルーズな性格であると考えると性格的自責となります。行動への自責を行った場合，ある程度コントロール可能な行動が原因であれば，今後気をつければ同じ目に遭わないと考えることができます。過去の行動について自己非難をすることで，対処行動が可能となるわけです。特に，犯罪，事故，自然災害の被害者にとって，自責によって対処が可能になることは重要な意味があります。彼らは，強いショックを受けたことから，しばらくしてもつらい出来事を繰り返し思い浮かぶなど苦痛が持続するなどして，心的外傷後ストレス障害になることが知られています (金, 2001)。苦痛への対処行動を必要とするのですが，人のせいにしていては，コントロールができず，同じような被害を受けると思い，周囲の世界が危険に満ちた世界と考え，日常生活に支障が出てきます。そのため，他者などの外的な原因以外に自分の行動にも原因を求めて，何らかの対処を行うことにより適応を図っていく必要があるのです。行動的自責の適応的機能は，第2節で取り上げた罪悪感の経験が補償行動につながる点と共通しています。

また，他者非難がそもそも適応的であるのかについては，被害者に関する研究では必ずしも一貫した結果が得られていません。タネンとアフレク (Tennen & Affleck, 1990) は，因果関係 (causality)，責任 (responsibility)，非難 (blame) を区別し，他者が意図的に行ったと考え，加害者の正当化や言い訳を受け入れない場合を他者非難として，研究のレビューを行いました。対象者は，重病の子どもの母親，ガンを患った人，事故の被害者，中絶をしようとしている女性，レイプの被害者，火事の被害者などです。他者非難と適応の関係を扱った25の研究のうち22の研究で，被害者や患者はそもそも他者を原因だと認識しておらず，17の研究で他者非難は不適応と関係があったことがわかりました。さらに，タネンらは精神分析学的理論，社会心理学的理論と25の研究から，図4−1の

第1部●疑　念

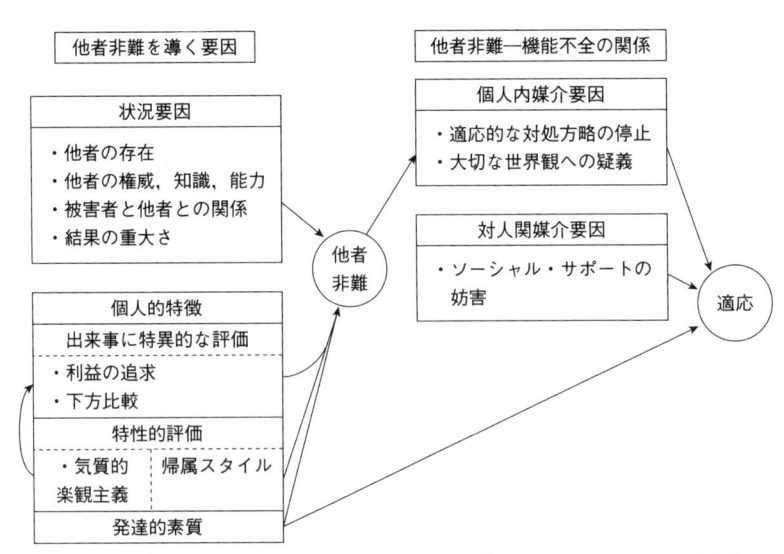

```
┌─────────────────────┐          ┌─────────────────────┐
│  他者非難を導く要因  │          │ 他者非難―機能不全の関係 │
└─────────────────────┘          └─────────────────────┘
      ┌──────────────────┐            ┌──────────────────┐
      │     状況要因     │            │   個人内媒介要因   │
      │・他者の存在      │            │・適応的な対処方略の停止│
      │・他者の権威，知識，能力│          │・大切な世界観への疑義│
      │・被害者と他者との関係│          └──────────────────┘
      │・結果の重大さ    │            ┌──────────────────┐
      └──────────────────┘   他者     │   対人関係媒介要因   │    適応
      ┌──────────────────┐   非難     │・ソーシャル・サポートの│
      │    個人的特徴    │            │　妨害              │
      │ 出来事に特異的な評価│          └──────────────────┘
      │・利益の追求      │
      │・下方比較        │
      │    特性的評価    │
      │・気質的 │帰属スタイル│
      │ 楽観主義│          │
      │    発達的素質    │
      └──────────────────┘
```

図4-1　他者非難とその結果に影響を及ぼす諸要因（Tennen & Affleck, 1990）

ように他者非難と適応に関する諸要因をまとめました。

　他者非難が起こる原因ですが，大きく分けて状況要因と個人要因があります。状況要因としては，その場に他者がいるかどうか（他者存在），権威等自分より力を持つ人がいるかどうか（他者の権威，知識，能力），よく知っている人かどうか（他者と被害者との関係）があげられています。他者が存在すればその人のせいにできるし，医者などの権威がある人に責任があると考えやすいし，よく知っている人は日頃からひどいことをする人かどうかわかっているのでその人のせいだとは考えにくいというわけです。また，非常に否定的な出来事であればあるほど，それに見合うような多くの原因を探すため，自分以外に他者にも責任を帰属させやすいことも状況要因として指摘されています。

　個人的要因には，事象に関する評価と帰属スタイルがあります。否定的な出来事でも教訓を得るなどの利益がありますが，出来事に対して肯定的な評価ができない場合は他者非難が起こりやすいでしょう。また，より状況の悪い他者よりは不幸でないと考える（下方比較）ことができれば，評価が過度に否定的にならず他者非難せずに済みますが，当てはまる人がいない場合は他者非難するしかなくなってしまうのです。また，評価する人の外的帰属傾向が強ければ，

状況を通じて他者に責任を帰属することが多くなります。

他者非難をした後は，適応上のさまざまな問題が起こることが仮定されています。まず，他者とのもめ事など場合に他者の責任だと考えると問題解決が図れないことがあります。口げんかをしたときに，相手がまず傷つけるようなことをいったとしても，相手の謝罪に対して許すというだけでなく，自分にも問題があると思って話しかけるなど，歩み寄らなければ解決しないことも多いでしょう。また，偶然の事故や自然災害などの被害者は，環境全般や他者の存在が危険な世界の原因だと考えて，自分が大切にしてきた「事故や被害にはめったに遭わない安全な世界」という世界観を失ってしまうことがあります。誰しも自分の住む世界は良い人が住み，良いことをすれば良いことが起こると思っていますが，その世界観が崩壊するのです。こうした信念がなくなると，自分をコントロールすることが難しく感じられるようになり，否定的感情が増し，行動が制限されていきます。最後に，ソーシャルサポートの妨害ですが，病気や事故などの原因を自分に近い人に帰属してしまうと，看病をしてもらえないなどその人たちからのサポートが得られないことがあります。以上のことから，他者非難は不適応に関係する可能性があると言えるでしょう。

第5節 バランスのとれた責任の考え方 ──認知行動療法から

これまでの第3節では他者非難が良く，第4節では自己非難が良いという内容で，読者には混乱を招いたかもしれません。この節では，「では，どのように責任を考えればよいのか」について，心理療法のひとつである認知行動療法の技法から説明したいと思います。

有光（2007）によれば，罪悪感や恥の経験は，自己非難をすると，自尊心を著しく低下させ，慢性的となり，抑うつなどの精神症状を引き起こす可能性があります。罪悪感を経験しても，対処可能な行動が原因であれば修正行動が可能になるため，自己評価は維持されます。しかし，自然災害や戦争被災などの生存者となった場合に「自分だけ生き残って申し訳ない」と思う生存者の罪悪感

のように，対処が難しい場合は，自己評価が下がり，抑うつに陥ることがあります。また，第4節で扱った心的外傷後ストレス障害のケースは，出来事が非常に否定的であるため，自分にも責任があると考えやすいことが知られています。たとえば，虐待のケースでは，本当は親や配偶者などに主たる責任があるにもかかわらず，自分にも問題があったと考え，自分を責めて抑うつになることが報告されています (Janoff-Bulman & Thomas, 1989)。認知行動療法を支える理論では，精神病理に陥る原因のひとつは，責任が自分にあると極端に考えてしまう推論の誤りがあるからだと考えています。責任を過大評価してしまい，抑うつに陥るという認知的プロセスを仮定しているのです。このプロセスを逆に考えれば，主として自分にあると思っていた責任を他者にも分配すれば，罪悪感の経験から解放されると言えます。次に，グリーンバーガーとパデスキー (Greenberger & Padesky, 1995) や有光 (2006) で示された責任の再分配の課題を示しますので，取り組んでみてください。

[例題5] あなた自身が，自分自身に責任があると感じている「罪悪感」の経験を1つ思い出してください。

質問1 そのときの罪悪感の強さは，どの程度でしょうか。下の線上で当てはまる箇所に✓を入れてください。

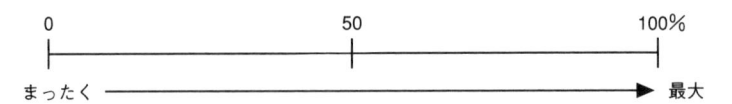

```
0              50              100%
|---------------|---------------|
まったく ──────────────────→ 最大
```

質問2 思い出した罪悪感の経験に責任があると思われる<u>人やことがら</u>をすべて書き出します。ノートなどに①から⑪まで番号を振ります。まず，自分以外に責任があると思われる人やことがらを書いてください。①〜⑩まで，すべてを埋める必要はありませんが，10個以上ある場合は空欄に記述してください。<u>最後に，一番下の⑪に自分も付け加えてください。</u>

質問3 <u>質問2で書いたリストの上から順番に，円グラフにその内容を書き込み，分割します。</u>人やことがらの責任に応じてグラフの割り当ての大きさを決めます。グラフの中に，どれがどの人やことがらの分かを書き込みます。その際，<u>自分の分は最後にしてください。</u>

第4章　人のせいにする

できあがったら，自分だけの責任はどのくらいか，他の人やことがらの責任はどのくらいかを確認してください。

例：クレジットカードを使いすぎたことを妻になじられたとき，怒りにまかせて妻にひどいことを言ってしまった。

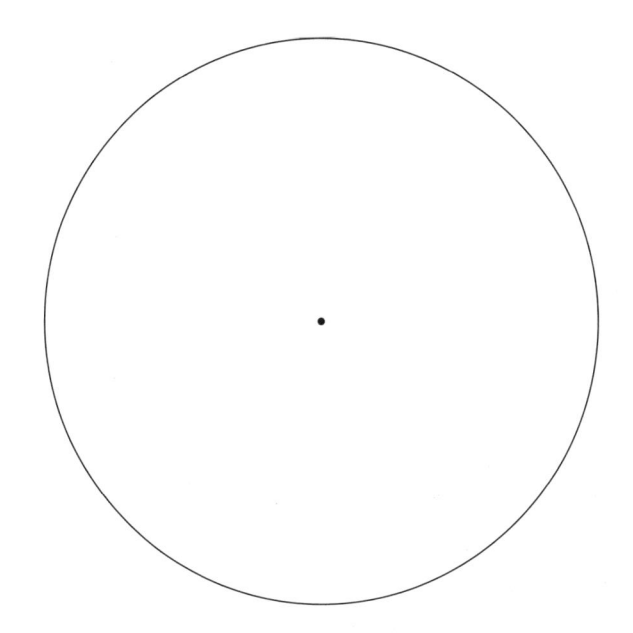

（円グラフ：妻，借金，残業，私）

質問4 改めて思い出した罪悪感の強さを評価してください。下の線上で当てはまる箇所に✓を入れてください。

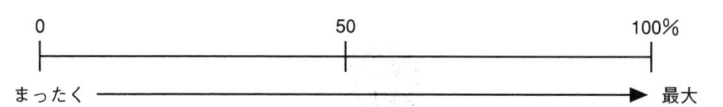

```
0              50              100%
|---------------|---------------|
まったく ———————————————▶ 最大
```

質問1と質問4の罪悪感の強さを比較してください。罪悪感の強さは減少したでしょうか。質問3でさまざまな原因が書ければ，円グラフで分配がうまくいったと思います。さらに，自分の責任が他の責任より少ないと判断できれば，

罪悪感は低下すると考えられます。グリーンバーガーとパデスキーでは，自分に責任があると考えて罪悪感，恥で苦しんでいた性的虐待の事例が検討されています。この事例では，原因を父（性的虐待をした），アルコール（父は酔ったときに虐待した），母（私を護らなかった），祖父（父を虐待した）と幅広く考え，責任の大半を自分以外にあることを認識し，罪悪感と恥の低減に成功しています。有光(2006)では，円グラフを用いた責任の再分配が，自責の念を低下させ，抑うつ・不安，罪悪感を低下させることが実証されています。ただし，自分の責任については最後にすると性急に多く見積もりすぎずに済むと考えられたため，自分の責任を取り上げる順序（最初か最後か）の効果も検討されましたが，順序の効果は認められませんでした。グリーンバーガーとパデスキー(1995)は，罪悪感と恥の克服について，行為の重大さを評価する，自分の責任の重さを決める（責任の再分配），秘密を打ち明ける，自分が引き起こした損害を償う，自分を赦すという5段階があると述べています。責任が自分だけにないことがわかれば，恥じずに親しい人に相談したりでき，さまざまなサポートが得られます。また，自分に償うべきところがあれば，打ち明けることでそれを償うことが可能になります。そうして他者に許しを得て，自分を許すことで，罪悪感，恥の経験は苦痛に満ちたものでなく，うまく解消できた過去の出来事として考えることができるようになるのです。責任の再配分という手続きは，他者非難や自己非難のどちらかでなく，責任の重みを公平に，客観的に分配することで，最もバランスのとれた，合理的な考えを導く方法です。責任に対して合理的な考えを持つことで，他者非難，自己非難が持つダークサイド＝不適応的側面から逃れることが可能になることを示す研究の成果だと考えられます。

第6節 まとめ

　本章では，責任転嫁，自己非難の心理について，主に原因帰属の観点から説明しました。冒頭の政治家の例に戻りますと，死んでわびるという政治家は，自分の能力や性格が原因だと考え抑うつに苦しんでいたのかもしれません。ま

第4章　人のせいにする

た，責任転嫁は相手が正当だと思えば解決できますが，問題が重大であれば，一方的な責任転嫁に他者は納得せず問題が悪化すると考えられます。こうしたプロセスを我々は目にしているのだと思います。このように考えると，不祥事を起こした政治家は，自己非難，責任転嫁でもなく，責任の主体について自分を含めて合理的に説明するという説明責任を果たすとよいと言えるでしょう。さらに，政治家も我々も気をつけたいのは，他者に責任があると思われる出来事でも，自分の責任も見いだすことで，対処が可能であると考えることの重要性です。読者の皆さんが，自己非難，責任転嫁の罠にはまらないことを願ってやみません。

第二部 銷枕（しょうちん）

第5章 人とのかかわりから抑うつになる

　私たちは他者とのかかわりのなかで，さまざまな出来事を経験します。「友だちからほめられた」というような好ましい出来事を経験することもあれば，「恋人と別れた」というようないやな出来事，つまり「対人ストレス」を経験することもあります。
　対人ストレスはさまざまな心理的反応を引き起こします。なかでも「抑うつ」をもたらしやすいことがさまざまな研究によって示されています。私たちは他者とのきずなを求め，それを保とうとする欲求をもっていますが，そうであるがために，対人ストレスは私たちの心に大きな影響を与え，抑うつのような深刻な状態をもたらすと考えられます。
　本章では，他者とのかかわりのなかで生じる対人ストレスに焦点を当て，抑うつの発生メカニズムを見ていきます。とくに，対人ストレスがどのような形で抑うつをもたらすかを，4つの視点で考えていきます。本章の構成は次のとおりです。まず，対人ストレスと抑うつの定義を明らかにします。次に，対人ストレスがどのようにして抑うつと結びつくかを見てきます。具体的には，「対人ストレスの受け止め方の問題が抑うつをもたらす」「対人ストレスを作り出してしまうという問題によって抑うつが生じる」「他者が悪く思っていないのにもかかわらず，『自分は悪く思われている』と考えてしまうことによって，抑うつが生じる」「過去の対人関係の問題が抑うつの心理的な要因を形づくる」という4つの視点で見ていきます。最後に，抑うつの発生に対人関係がどのような影響を与えているかをまとめます。

第1節
対人ストレスと抑うつとは

　ストレスや抑うつという言葉は，日常生活のなかでしばしば使われる言葉です。しかし，これらの言葉の意味のとらえ方は，人によって異なることがあります。そこで最初に，対人ストレスと抑うつの定義を明らかにしておきましょう。

　まず，「対人ストレス」について説明しましょう。対人ストレスは一言でいうと「他者とかかわるなかで経験するいやな出来事」になります。もう少し詳しくいうと，対人ストレスには，自分の身にふりかかった出来事や刺激それ自体を意味する「ストレッサー」と，それを「いやなもの」として評価する「ストレッサー評価」の2つの要素が含まれています。たとえば，友だちから「ウザイ」という言葉をいわれたとき，この言葉がストレッサーであり，この言葉に対して「いやだな」と思ったり「自分はきらわれた」と思ったりしたとき，この思いがストレッサー評価になります。

　このようないやな出来事を経験した結果として，落ち込みや不安，怒りなどの不快な反応が生じることがあります。いやな出来事を経験してから不快な反応が生じるまでのプロセスをストレスと定義することもありますが，本章では上記のような不快な反応は「ストレス反応」として区別することにします。

　「抑うつ」は，ストレス反応のひとつと考えられます。抑うつとは，うつ気分（感情面の症状）や意欲の低下（動機づけ面の症状）をはじめとして，自責の念や将来に対する絶望感（認知面），活動量の低下（行動面），食欲や睡眠の障害（身体面）などを含む，心身のさまざまな面にわたってみられる症状をいいます。これらの症状が重く，長期にわたって持続し，日常生活に大きな支障をきたすようになったとき，いわゆる「うつ病」とよばれる状態になります。本章では，症状がより軽く，持続期間もより短く，日常生活への影響がより小さい「抑うつ」のほうを中心に取りあげます。

　それでは，以下に，対人ストレスにまつわる4つの問題を紹介し，これらと抑うつとの結びつきを見ていくことにしましょう。

第2節
「対人ストレスをどう受け止めるか」の問題

　さきに述べたとおり，私たちは他者とのきずなを保ちたいという欲求をもっているがために，対人ストレスを経験すると落ち込んだり不安になったりすることがあります。しかし，同じ対人ストレス（たとえば，友だちから「きらいだ」と言われて，いやな思いをした）を経験したとしても，軽い落ち込み気分ですんで，すぐに回復する人と，深刻な抑うつ状態に陥り，その状態をいつまでも引きずってしまう人とがいます。このことは，「対人関係でいやな出来事を経験したかどうか」が問題であるというよりも，「そのいやな出来事をどのように受け止めたか（認知）」「そのいやな出来事にどのように対処したか（ストレス対処）」「ストレスを解消するためにサポートしてくれる人が自分の周りにいたか（ソーシャルサポート）」ということが重要であることを示しています。本節では，「対人ストレスに対する認知の仕方」に注目して，どのような認知の仕方が抑うつに結びつくかを述べていきます（対人ストレスの対処については加藤 (2007) が，ソーシャルサポートについては谷口・福岡 (2006) が，それぞれ体系的に整理していますので，参照してください）。

① 3つのネガティブな認知

　ストレスに対する認知に注目した理論は数多くありますが，代表的な理論の1つに，ベックの認知理論 (Beck et al., 1979) があります。図5-1をご覧ください。ベックの理論の概要が示されています。ベックによれば，「ストレス」を経験したとき，「抑うつスキーマ」「認知の歪み」「自動思考」の3つの不適応的な認知が働くことで，抑うつが生じると仮定されています。以下に，3つの認知の内容を具体的に見てみましょう。

　抑うつスキーマとは，抑うつ者の心の深層にある信念のことで，「自分はすべての人からきらわれてはならない」「もしテストで良い点を取れなかったら，自分は価値がないのと同然だ」というように，「～でなければならない」「もし～なら，……と同じことだ」といった内容をもつものをいいます。人からきら

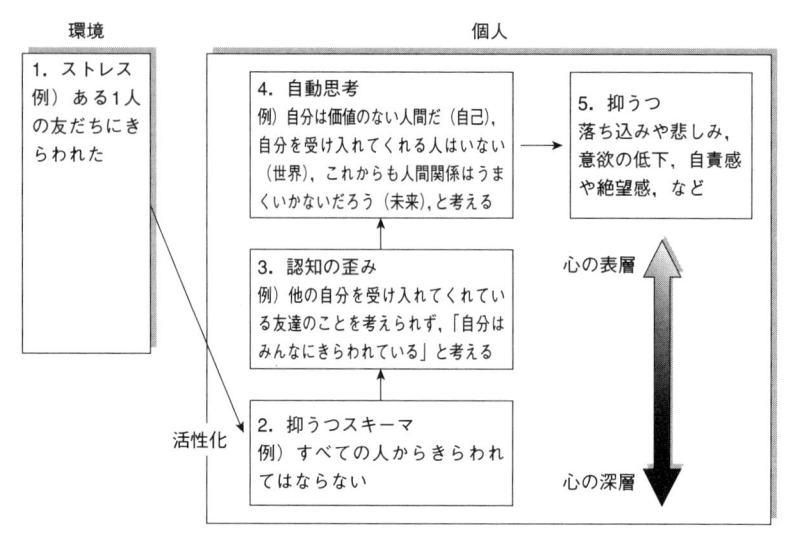

```
環境                              個人

┌─────────┐   ┌─────────────────────────────────────────────────┐
│ 1. ストレス │   │ 4. 自動思考                  5. 抑うつ           │
│ 例）ある1人 │   │ 例）自分は価値のない人間だ(自己),   落ち込みや悲しみ,   │
│ の友だちにき│   │ 自分を受け入れてくれる人はいない    意欲の低下,自責感  │
│ らわれた   │   │ (世界),これからも人間関係はうま   や絶望感,など      │
│         │   │ くいかないだろう(未来),と考える                      │
│         │   │            ↑                    心の表層         │
│         │   │ 3. 認知の歪み                     ▲             │
│         │   │ 例）他の自分を受け入れてくれてい    │             │
│         │   │ る友達のことを考えられず,「自分は    │             │
│         │   │ みんなにきらわれている」と考える    │             │
│         │   │            ↑                    │             │
│ 活性化    │   │ 2. 抑うつスキーマ                  ▼             │
│         │   │ 例）すべての人からきらわれ       心の深層          │
│         │   │ てはならない                                     │
└─────────┘   └─────────────────────────────────────────────────┘
```

図5-1 ベックの抑うつの認知理論の概略（坂本,1997を一部改変し作図）

われないことやテストで良い点をとることは大切ですが,抑うつになりやすい人は,「すべての人から」きらわれてはならない,良い点を取れなければ「自分に価値がないのも同然だ」というように,「非合理的で極端な」信念をもっているとされています。この抑うつスキーマは,ストレスを経験したときに活性化されて,以下に説明する認知の歪みや自動思考をもたらすとされています。

　認知の歪みとは,一面的で非現実的な思考パターンのことをいいます。たとえば,「たった1つの失敗」だけに注目し,「生活の全体」に注目しない（選択的な抽出）,1つしか失敗していないのにすべてがダメだと考えてしまう（過度の一般化,破局的な拡大解釈）,明らかな証拠がないのに「自分は失敗したに違いない」と否定的な結論を下してしまう（恣意的推論）,などがあります。

　最後に,自動思考とは,抑うつスキーマと認知の歪みから生じる思考のことで,自己・世界・未来に対する否定的な見方のことをいいます。具体的には,「自分はダメな人間だ」と考え,「いつだって悪いことばかり起こる」と身の回りの世界を否定的に解釈し,「将来は絶望的だ」と悲観することをいいます。このような思考は,じっくりと冷静に考えた結果生まれるものではなく,無意識的にパッと浮かんでくるようなものなので,自動思考とよばれています。

対人ストレスを経験したときにこれら3つの認知がどのように抑うつをもたらすかを具体的に説明しましょう。たとえば，ある1人の友だちからきらわれてしまったという対人ストレスを経験したとき，「誰からもきらわれてはならない」といったような対人関係についての非合理的な信念（対人的な抑うつスキーマ）をもっていると，他の友達とはうまくいっているかもしれないのに，たった1人の友だちにきらわれたという事実にとらわれたり，「自分はみんなからきらわれてしまう」と大げさに考えたりして（認知の歪み），「自分は価値のない人間で，まわりの誰も自分のことを受け入れてくれず，これからも人間関係はうまくいかないだろう」という思考が浮かび（自動思考），その結果抑うつに陥ってしまう，というように説明できます。

② いやな出来事は，なぜ起こったのだろう

一方で，いやな出来事を経験したとき，その出来事の「原因」を何に求めるかという「原因帰属」が重要であるという考え方もあります（Abramson et al., 1989）。たとえば，「恋人とうまくいかない」という対人ストレスを経験したとき，抑うつになりやすい人は，「うまくいかないのは自分の性格が悪いからだ」といったように，変えることができず，かつ，生活全般において重要な（つまり，安定的で全般的な）要因（たとえば，性格，能力，人としての価値）に，原因を求めやすい傾向があります。このような原因帰属をすると，「これから悪いことばかり起こるだろう」「自分の力ではどうすることもできない」というように将来を悲観しやすく，結果として抑うつになりやすいと考えられています。

高比良（2000）は，この仮説を検討するために大学生を対象に研究を行っています。その結果，女性においてネガティブな原因帰属をしやすい人は，対人ストレスを経験すると抑うつに陥ることが示されています。

③ 自分の良し悪しは他者から認められたかどうかにかかっている

対人ストレスの認知に関するもう1つの重要な問題として，「条件付き自己価値（contingent self-worth）」の問題があります。条件付き自己価値とは，他者の評価や承認，テストの成績など，自分の外側にある基準によって自分の良

し悪しを判断しようとすることをいいます (たとえば, Burhans & Dweck, 1995)。このような条件付き自己価値をもつ人は,他者から認められている限りにおいては「自分はこれでよい」と自己評価を維持することができますが,ひとたび他者から認められなかったりすると「自分はダメな人間である」と自己評価を低めてしまうことになります。つまり,このような人たちは,対人ストレスの影響を受けやすく,抑うつになりやすいといえます。

　他者から承認や評価を得ることは,人間関係をうまくやっていくために必要なことで,「承認や評価に関心を示すことそれ自体」は悪いことではないと考えられます。問題なのは,他者からの承認や評価によって「自分の価値の確認や判断をしようとすること」であると考えられます。特に,自分で自分のことが受け入れられなかったり（低い自己受容）,自分で自分のことを評価できていなかったり（不確かな自己概念）すると,他者からの承認や評価によって自己価値を確認したり確立したりしようとする動機づけが強まるため,抑うつに陥りやすくなると予想されます。この予想について調べた黒田 (2006) の研究から,他者からの承認や評価に強い関心を示す人のなかでも,自己受容ができている人よりも,できていない人（つまり,自己受容できていないため,承認や評価によって自己価値を確認しようとしている人）のほうが,抑うつ得点の高いことが示されています。同様に,承認や評価に強い関心がある人のなかでも,自己概念を確立している人よりも,確立していない人（つまり,自己が確固としていないため,承認や評価によって自己価値を確立しようとする人）のほう

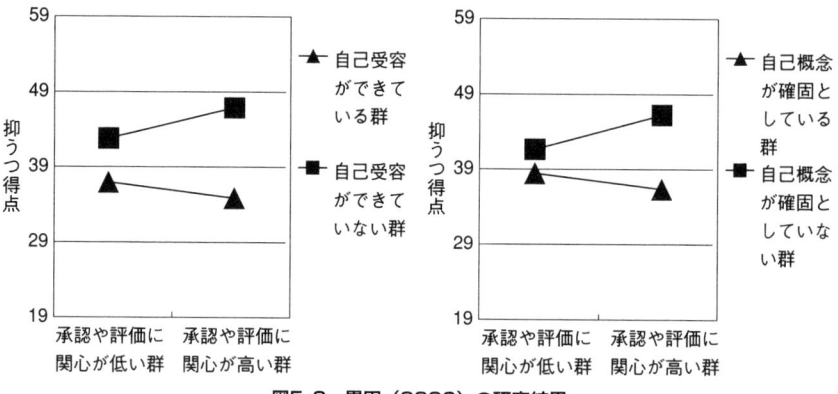

図5-2　黒田 (2006) の研究結果

が，抑うつ得点が高いという結果が示されています（図5-2）。

第3節 「対人ストレスを引き起こしてしまう」という問題

　前節で紹介した研究は，「ストレス（いやな出来事）が起こってしまったもの」という前提のもとで，さまざまな認知の問題を明らかにしてきました。これに対して，最近の研究では，「そもそも，そのストレスはどのようにして起こるのか」という点に注目し，これまでとは違った成果を見いだしています。さまざまなストレスのなかでもとくに対人ストレスは，自分と相手とのやりとりの結果として（人と人との間で）起こるものであり，その発生には相手と自分の双方のふるまいが関与していることが考えられます。たとえば，「恋人とけんかをした」という対人ストレスの発生には，相手だけでなく自分のふるまいも多かれ少なかれ関係しているといえます。このことから，対人ストレスは何の理由もなく偶然自分の身にふりかかってくるというよりも，私たち自身によって（少なくとも部分的に）引き起こされているという可能性も考えられます (Hammen, 1991; Herzberg et al., 1998)。

　ハーメン (Hammen, 1991) は，うつ病患者群，躁うつ病患者群，身体的な病気をもつ患者群，健常群の4つの群で，対人ストレスの経験頻度と経験した対人ストレスの脅威度に違いがあるかどうかを比較しました。その結果，うつ病患

表5-1　うつ病患者群，身体的病気群，健常群の対人ストレスの経験頻度と脅威度の平均値と標準偏差

	うつ病患者群	躁うつ病患者群	身体的病気群	健常群
対人ストレスの経験頻度				
平均値	2.2	1.2	1.2	0.9
標準偏差	2.2	1.1	1.5	1.2
対人ストレスの脅威度				
平均値	6.3	3.2	3.0	2.0
標準偏差	7.0	3.2	4.3	2.8

注）Hammen (1991) の研究結果に基づき，作成した。被調査者はすべて女性である。対人ストレスの頻度および脅威度の平均値は，うつ病患者群が他の3群よりも有意に高いことが示されている（全て $p < .05$）。

者は他の3群よりも対人ストレスを数多く経験し，かつその脅威度も高いことが示されています（表5-1）。彼女は，この結果をもとに，うつ病者や抑うつ者はみずから対人ストレスを引き起こしているという「ストレス生成モデル（stress generation model）」を提唱しました。

ハーメンはこの研究で，うつ病者は他者とのかかわり方やパーソナリティが不適応的であるために対人ストレスを作り出してしまっていると考察しています。それでは，具体的にどのようなかかわり方やパーソナリティが対人ストレスを引き起こすのでしょうか。以下に詳しく見ていきましょう。

① かかわり方の問題

「友だちが困っていたら手をさしのべる」「相手が傷つくことは言わない」「相手にいやなことをされたらそれをきちんと伝える」といったように，自分と相手の双方が心地よくなれるようにふるまうことは，対人関係を円滑にするうえで必要なスキルであるといえます。このようなスキルは，「社会的スキル」とよばれています。もしこの社会的スキルがなければ，相手と衝突するなど，対人ストレスを経験しやすくなると予想されます（Segrin, 2001）。

この予想を調べるために，さまざまな研究が行われています。たとえば，橋本（2000）の研究から，社会的スキルの全般的な欠如は対人ストレスと関連することが示されています。また，社会的スキルの具体的な要素に注目してみると，相手が困っているときに相手の話を良く聴いて励ますことができなかったり（Herzberg et al., 1998），「自分のことを大切に思ってくれているかどうか」を相手にしつこく尋ねたり（Potthoff et al., 1995）すると，対人ストレスを招きやすいという結果が見いだされています。

社会的スキルの欠如と対人ストレスとの間には一時点で調べてみるとたしかに関係があるのですが，時間をあけて調べてみると関係が弱くなるという研究結果もあります（たとえば，Segrin, 2001）。社会的スキルだけでなく，次にあげるパーソナリティなども対人ストレスの発生に関係しているようです。

② パーソナリティの問題——さまざまなパーソナリティと対人ストレス

パーソナリティは他者とのかかわり方や他者がその人に対して抱く印象に影

響を与えるため，対人ストレスをもたらす有力な要因であると考えられます。

　たとえば，「アタッチメントスタイル」はその1つです。アタッチメントスタイルとは，自分と他者との関係性についての感覚や信念のことで，「自分は他者から愛されるべき存在であると感じることができるかどうか，そして，他者のことを信頼することができるかどうか」をあらわす概念です。研究の結果から，拒絶されたり見捨てられたりすることに対する不安が強い「アタッチメント不安（attachment anxiety）」をもつ人や，他者との情緒的な結びつきを感じることがなく，他者とのかかわりを避ける「アタッチメント回避（attachment avoidance）」をもつ人は，対人ストレスを経験しやすいことが示されています (Hankin et al., 2005)。

　アタッチメントスタイル以外でも，物事に敏感すぎて情緒不安定の傾向がある「神経症的傾向（neuroticism）」(Bolger & Zuckerman, 1995) や対人関係を重視せず独立性や個人的な目標の達成を重視する「独立志向性（autonomy）」(Nelson et al., 2001) をもつ人は，対人ストレスを経験しやすいことが示されています。

　パーソナリティはなぜ，どのようにして対人ストレスにつながるのでしょうか？　また，パーソナリティの種類によって対人ストレスにいたるメカニズムや引き起こされる対人ストレスの種類は異なるのでしょうか？　これらの点は現時点で十分に解明されていませんが，上で述べたパーソナリティの内容を考えると，次のように予測できます。たとえば，アタッチメント不安の強い人は，他者との積極的なかかわりを求める「接近行動」をとると考えられますが，この接近行動が「自分のことを大切に思ってくれているかどうかを相手にしつこく尋ねる (Potthoff et al., 1995)」などのように不適応的であるために，「拒絶」などの対人ストレスを経験しやすくなると予測されます。他方，アタッチメント回避，神経症的傾向，独立志向性をもつ人は，他者とのかかわりを避ける「回避行動」をとりやすいため，「孤立」や「サポート不足」といった対人ストレスを経験しやすいと予測されます。今後は，これらの点も含め，パーソナリティが対人ストレスをもたらすメカニズムを詳しく検討する研究が必要です。

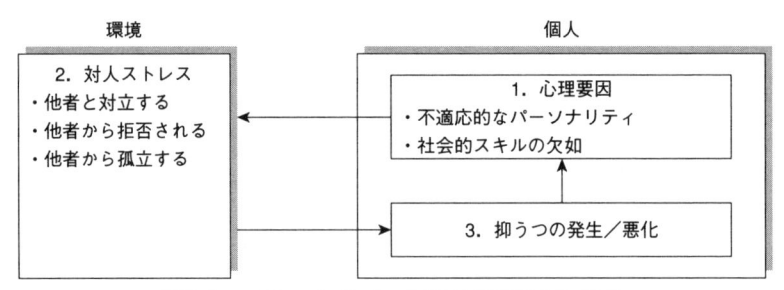

```
環境                                    個人
┌─────────────────┐              ┌─────────────────────────┐
│ 2. 対人ストレス   │              │ 1. 心理要因              │
│ ・他者と対立する  │ ←──────     │ ・不適応的なパーソナリティ│
│ ・他者から拒否される│            │ ・社会的スキルの欠如      │
│ ・他者から孤立する│              └─────────────────────────┘
│                 │                         ↑
│                 │ ──→  ┌─────────────────────────┐
│                 │      │ 3. 抑うつの発生／悪化    │
└─────────────────┘      └─────────────────────────┘
```

図5-3　ストレス生成によって起こる悪循環のサイクル

③ 抑うつがさらにストレスを引き起こす

図5-3に第3節の内容がまとめられています。パーソナリティや社会的スキルが不適応的であると，対人ストレスを引き起こし，抑うつに陥りやすくなります（図5-3の1から3までの流れ）。しかし，より深刻な問題は，次のような悪循環のサイクルをもたらす点にあります。つまり，ひとたび抑うつ状態に陥ると，その抑うつ状態がパーソナリティや社会的スキルの問題をさらに強めることになり（図5-3の3から1への流れ），それがまた対人ストレスの発生につながって抑うつ状態がさらに悪化する，という悪循環に陥る点です。

第4節　「主観的な対人ストレスを作り出してしまう」という問題

　自分のまわりにいる人たちが何を考え，どうふるまっているかを意味する対人環境には，「まわりの人たちが実際に考えていること」や「まわりの人たちの実際のふるまい」を意味する「客観的で外的な対人環境」と，「『まわりの人たちがこのように考えているのではないか』と自分が思っていること」や「まわりの人たちのふるまいについて自分が知覚していること」を意味する「主観的で内的な対人環境」の2つがあると考えられます（図5-4）。第3節で紹介したストレス生成モデルの研究は，「他者が実際に抑うつ者を拒絶している」という点に注目しているので，客観的な対人環境を主に扱っているといえます。

客観的な環境に注目することは重要ですが，私たちは身のまわりの環境を正確に認識して，客観的な世界のなかで生きているというよりも，そこから自分なりに意味のある世界を作りあげ，その作りあげた主観的な世界のなかで生きている存在であると考えられます。このことはとくに対人関係においてあてはまるでしょう。つまり，他者が自分に対してどのようなことを考えているかを客観的に理解することは不可能であるため，私たちは「他者はこのようなことを考えていると（自分は）思う」と推測し，他者の考えやふるまいに関する主観的な対人世界を作りあげ，そのなかで生きていると考えられます。このように考えると，私たちのまわりにどのような客観的世界があるか（他者が自分に対して実際にどのような考えや感情をもっているか）に注目するだけでなく，私たちがどのような主観的世界を作りあげているか（他者が自分に対してどのような考えや感情をもっていると自分が思うか）に注目することも重要です。

以上を踏まえ，黒田（2007）は，従来のストレス生成モデルのように抑うつ者の客観的な対人環境に注目するのではなく，主観的な対人環境のほうに注目しました。そして，対人関係で抑うつになりやすい人は，まわりの人たちの実際の反応は否定的ではない（客観的で外的な対人環境は悪くない）にもかかわらず，「悪く評価されているのではないか」「きらわれているだろう」と思い悩み（自分のなかの主観的な対人環境をみずから悪化させ），いわば「主観的な対人ストレス」を作り出すことによって抑うつに陥っている，という仮説を提唱しました（図5-4）。対人ストレスの定義を踏まえて仮説を言い換えると，「客観的にはネガティブなストレッサーがないのに，主観的にはネガティブなストレッサーがあると思ってしまうこと」になります。

黒田（2007）は，第2節で紹介した対人的な抑うつスキーマと主観的な対人ス

図5-4 「主観的な対人ストレス」の生成

表5-2 対人的な抑うつスキーマと主観的な対人ストレスと抑うつとの間の相関係数

	主観的対人ストレス	抑うつ
対人的な抑うつスキーマ	.62	.36
主観的対人ストレス		.35

注）相関係数はすべて有意である（$p<.001$）。黒田（2007）の結果から作成した。

トレスと抑うつとの関係を調べたところ，これらの間には正の有意な相関関係があることを見いだしています（表5-2）。この結果から，対人的な抑うつスキーマをもつ人は，主観的な対人ストレスを作り出してしまい，抑うつに陥りやすいと考えられます。

第5節
発達的な視点から対人関係と抑うつとの結びつきを考える

　前節までは「今現在の」対人関係の問題に注目し，それがいかにして抑うつに結びつくかを述べてきました。これに対して，「生まれてから現在に至るまでの」対人関係の問題に注目し，発達的な視点から対人関係と抑うつとの結びつきを調べる研究も行われています。

　発達的な視点からすれば，過去の対人関係の問題は，抑うつの認知的・パーソナリティ的・行動的要因の形成に影響すると考えられています。たとえば，第2節で述べた条件付き自己価値がどのように形成されるかと考えたとき，幼少期における重要な他者（親や友人など）との関係が大きな役割を果たすといえます(Burhans & Dweck, 1995)。具体的には，自己概念を確立する最中にある子どもにとって，親や教師からの評価や承認は自己を形成するうえで重要な役割を果たすと考えられますが，もしこのときに健全な評価や承認が得られなければ（たとえば，親から成績について強い期待をかけられ，成績が良ければ認めてもらえるが，成績が悪くなれば認めてもらえないといったように），条件付きの自己価値が形成される可能性があります(黒田・桜井, 2005)。

　発達的視点からの研究は，対人ストレスがどのようにして抑うつに結びつくかを時間軸に沿ってとらえるもので，抑うつの発生における対人関係の重要性

を別の角度から示した研究であるといえます。同時に，これらの研究は，抑うつの発生メカニズムにおける他者の役割に注目するものであり，抑うつ者を取り巻く「環境」の重要性を強調するものであるといえます。

第6節 抑うつの発生を対人関係の視点からとらえる

　対人ストレスが抑うつをもたらすことは十分に予想されますが，それがどのようなメカニズムを経由して抑うつをもたらすかについてはさまざまな視点から考えられます。本章ではこれを4つの視点から見てきました。最後に，改めて対人関係という大きな視点から抑うつがどのように生じるかをとらえなおし，抑うつの発生における対人関係の役割を考えていきます。

　抑うつは個人内で起こる現象であり，その発生に影響するのも，パーソナリティや認知の問題といった個人内の問題であるかのように考えられます。第2節から第4節までに紹介した研究も，対人ストレスに対する認知の仕方やそれを引き起こす心理的要因といった個人内の問題に注目しており，一見すると，抑うつは個人内の問題から生じているように見えるかもしれません。

　しかしながら，本章で紹介した研究を，改めて対人関係という視点からとらえなおしてみると，抑うつは個人内の（intrapersonal）問題から生じるというより，個人と個人の間の（interpersonal）問題から生じているということがわかります。たとえば，第2節から第4節において紹介した研究では，抑うつの発生において個人内の問題に注目すると同時に，「他者とのかかわりのなかで生じる」対人ストレスの役割を強調しています。また，第5節の研究では，抑うつの心理的要因が重要な他者との関係のなかで形作られていくことを強調しています。これらのことは，他者の存在が抑うつの発生に少なからず影響を与えることを示しており，抑うつは個人内の問題だけから生じるというよりも，個人と他者とのかかわりの問題から起こっているということを示しています。

　以上より，抑うつは個人内で起こる現象ではありますが，その発生には個人と他者とのかかわりが大きく影響しているといえるでしょう。

第6章　人を苦手になる

　身近な人間関係をふりかえってみたとき，特定の誰かのことを考えると，なぜか気が重くなってしまうような相手はいないでしょうか。たとえば，その人を避けたい，かかわりたくない，一緒にいるとなぜか居心地がわるいような相手です。一般的に，このような他者との関係は「苦手」として認識されており，中学生（日向野・小口, 2002a）と大学生（日向野, 2008）の6割以上が，苦手な同性の同級生がいると回答しています。

　対人的な苦手意識が最も問題になりやすいのは，職場の人間関係であるといわれています。特に，上司や同僚，取り引き先の担当者など，相互に密接な関係を継続しなければならない関係です（上杉, 1998）。また，人と人との温かい情緒的な交流がサービスの基本ともいえるヒューマン・サービス業（ナースやヘルパー，教師など）においては，苦手意識が個人にとって負担になるだけではなく，適切な援助や指導を妨げる一因になることが示されています。

　特定の他者に対する苦手意識は，誰もが経験しうる身近な問題です。それゆえ，個人の適応にさまざまな影響を及ぼす重要な問題であると考えられます。本章では，特定の他者に対する苦手意識について，苦手意識が形成される諸要因，苦手意識の特徴，さらに，苦手意識と職場における適応との関連をみていきます。

第6章　人を苦手になる

第1節
対人苦手意識とは

　苦手意識が生じる対象や場面はさまざまです。分類してみますと，①勉強やスポーツ，②人づきあい，③特定の場面や状態（初対面や人から注目される場面，恥をかいてしまったときなど），④特定の属性にあてはまる人（異性や目上の人など），⑤特定の誰か，となるでしょうか。このうち，②〜⑤が対人的な苦手意識に含まれます。また，②，③，④については，「人前や対人関係のなかでおぼえるさまざまな不安の感覚（菅原, 1998）」である対人不安という領域のなかで，関連の深い研究が多数なされてきました。しかし，苦手意識の対象を⑤の特定の他者に限定すると，関連する研究はとたんに少なくなるのが現状です。そこで，日向野ら（1998）は，特定の他者に対する苦手意識を「対人苦手意識」と命名し，対人苦手意識についての概念的な検討を行いました。その結果，対人苦手意識は「特定の他者に対する否定的な感情と消極的な態度の総称」であることが見いだされています。

　冒頭で述べたとおり，本章では，特定の苦手な他者に対する苦手意識を扱います。これ以降は，上記の定義のもとで対人苦手意識と記すことにします。

第2節
対人苦手意識の成立要因

　まずは，対人苦手意識の発生過程を考えてみます。そこには，外的と内的の2つの要因が影響すると考えられます。外的要因とは，相手の言動や態度に問題がある場合です。一方，内的要因とは，対人苦手意識を感じる当人の特性や考え方に原因がある場合です。これに加えて，両者がかかわることによって対人苦手意識が生じる相互作用の要因も考えられます。それぞれどのような条件が，対人苦手意識に結びつくのでしょうか。

① どのような人に対人苦手意識を感じるのか

(1) 大学生における苦手な他者の特徴

苦手な人のふるまいや相手の苦手だと思う特徴について，197名の大学生に自由に記述してもらいました。表6-1は，類似する回答をカテゴリーにまとめて集計した結果です（日向野ら，1998）。大学生が最も苦手とする相手は「自己中心的」な人でした。第2位にあげられたおしゃべり，しつこい，優柔不断のような「うっとうしさ」を感じる人，第3位の「感情的な態度」をとる人とあわせると，上位3カテゴリーで半数を占めていました。このような相手に対して対人苦手意識を感じる場合，相手の好ましくない性格特性に原因があるといえそうです。一方，「魅力・有能さ」に含まれる人や，「性格・会話の不一致」

表6-1 苦手な人の態度および特徴（日向野ら，1998より一部カテゴリー名変更）

	カテゴリー名	内容例	構成比（％）
1	自己中心性	自己中心的，人の迷惑を考えない，わがまま	25
2	うっとうしさ	おしゃべり，しつこい，場をわきまえない，優柔不断	15
3	感情的な態度	気がつよい，好き嫌いがはっきりしている，短気	10
4	えらそうな態度	人を見下しているような態度，自信過剰，しきる	7
5	いいかげんさ (f)	うそつき，口先だけ，無責任，言うこととやることがちがう	6
5	思いやりのなさ (f)	言い分がきつい，傷つけることを言う，思いやりがない	6
5	魅力・有能さ	自分にはない優れたところをもっている，頭がいい，明るい	6
8	性格・会話の不一致	性格の不一致，価値観の相違，話があわない，共通点がない	5
9	内向性	悲観的，おとなしい，無口，暗い	4
9	身体・個人的特徴	不潔，顔・声・体格など，派手，ファッションセンスの相違	4
11	つかみどころのなさ	何を考えているのかわからない，接し方がわからない	3
11	態度のうらおもて	異性と同性では態度が変わる，いい子ぶっている，八方美人	3
13	依存性	自立していない，依存的，自分の考えをもっていない	2
13	陰険さ (f)	悪口・陰口を言う，意地悪，ネチネチしている	2
13	無視・無反応	話しかけても反応してくれない，接する気がないような態度	2

注1：構成比（％）は，全回答を100％としたときの，各カテゴリーの回答率を示す。
注2：(f) は，女子のみに得られた回答である。

「つかみどころのなさ」に含まれる接し方に困惑する相手のように，とくに非のない他者に対しても，対人苦手意識が生起することがわかりました。

(2) 中学生における苦手な他者の特徴

学年が変わると，苦手な人の特徴も変わるのでしょうか。中学校1，2年生214名に対して調査を行ったところ（日向野・小口, 2002a），苦手な同性の同級生がもつ特徴の第1位は，大学生と同様に「自己中心性」でした（表6-2）。自己中心的な人のように，かかわることによって自分が被害をうける可能性の高い相手に対しては，発達段階を問わず対人苦手意識を感じやすいと考えられます。一方，「いやがらせ」「うるさい」「優等生」「幼稚性」など，中学生に特有の特徴もみられました。大学生と中学生とをくらべてみますと，大学生では，自己中心性のような，強いパワーやマイナスの影響をもった特徴が，上位6カテゴリーまで連続しています。これに対して，中学生では，そのような特徴が上位2位カテゴリー得られたのち，第3位には「陰気」や「性格の不一致」があげられました。したがって，中学生は，自分が傷つけられるような相手だけではなく，友人関係を築くことがむずかしく，気疲れしやすいような相手に対しても，対人苦手意識を感じやすいと考えられます。

表6-2 中学生が苦手とする同級生の特徴（日向野・小口, 2002aをもとに作成）

カテゴリー名	絶対比（%）	構成比（%）	カテゴリー名	絶対比（%）	構成比（%）
1. 自己中心性	30	15	9. ふまじめ	9	4
2. いやがらせ	24	12	12. 会話が成り立たない	8	4
3. 陰気	15	7	13. 不潔	7	3
4. 性格の不一致	14	7	14. 気分屋	6	3
4. うるさい	14	7	15. 八方美人	5	2
6. こわい	13	6	16. 幼稚性	4	2
7. 優等生	11	5	16. 明朗性	4	2
8. でしゃばり	10	5	17. ミーハー	3	1
9. 思いやりのなさ	9	4	17. ナルシスト	3	1
9. 個人的感情	9	4	17. 気の強さ	3	1

注1：自由に記述させた相手の特徴（複数回答可）を，カテゴリーに分類した。
注2：絶対比（%）は，回答者全体に占める各カテゴリーの回答率であり，合計は100%を超える（複数回答のため）。
注3：構成比（%）は，全回答を100%としたときの，各カテゴリーの回答率である。
注4：下線を引いたカテゴリーでは，男子よりも女子の回答率が高かった（直接確率計算法により分析。$p < .05$）

② 対人苦手意識を感じやすいのはどのような人か

(1) コンプレックス

　表6-1から，対人苦手意識は，自分にはない優れたところをもっているような「魅力的」な人に対しても感じられることがわかります。青木 (1995) によると，理想とする自分のイメージと，苦手な人自身が評定した自分のイメージとは類似していることがわかっています。相手が理想的な特性を備えているために近づきにくく感じられ，それが苦手の原因になっているために，このような結果が得られたと考えられています。しかし，自分が苦手な人に対してもっているイメージと，苦手な人自身が評定した自分のイメージとは，一致しません。つまり，対人苦手意識を感じる本人は，苦手な人に対して実際とは異なるイメージを抱いており，相手が自分の理想とする特性をもっている人だということに気づいていないようです。このような場合，相手に対してなぜ対人苦手意識を感じるのかという根本的な問題については，自覚されていないと考えられます。なお，対人苦手意識における自己否定的な感情は，苦手な相手を理解しようとする受容的なつきあい方につながりやすいことが示されています。しかし，劣等感やコンプレックスを引き起こすような近寄りがたい相手に対しては，このような傾向はみられないことがわかっています (日向野ら, 1998)。

(2) パーソナリティ

　どのようなパーソナリティが対人苦手意識につながりやすいのでしょうか。日向野・小口 (2003) によると，他者の評価を気にしやすいパーソナリティである公的自己意識の高い人，他者に対する不信感や他者に対する自己閉鎖性が高い人は，対人苦手意識をかかえやすいことが示されています。また，つらいときに他者に一緒にいてほしいという情緒的支持を求める人は，自分に自信をなくしたり相手をうらやましく思ったりするような，自己否定的な対人苦手意識を感じやすいようです。さらに，コミュニケーション場面における自己呈示（自分の望むようなイメージを他者に与えようとすること）の個人差であるセルフ・モニタリング (Lennox & Wolfe, 1984) も，対人苦手意識と関連します。この関連には男女差があります。男性は，状況に応じてふさわしいふるまいができ

ないほど，女性は，他者の自分に対する否定的な感情に敏感なほど，相手をわずらわしく思う，他者否定的な対人苦手意識を感じるようです（日向野・小口, 2002c）。なお，他者の評価を気にしやすい人は，対人苦手意識だけではなく，勉強やスポーツのような対人以外の対象（今林, 1996），人づきあい（小口ら, 2005），特定の場面（日向野・小口, 2007）など，さまざまな苦手意識を感じやすいことが明らかになっています。

(3) 人あたりの悪さの認知

人あたりの悪さに対する敏感さも，対人苦手意識に関連しているようです。中学生は，好きな人は自分よりも人あたりがよく，苦手な人は自分よりも人あたりが悪いと評価していました（日向野・小口, 2002a）。この結果は，対人関係の返報性の原理に一致します。つまり，自分に対して好意的に接してくれる人には好意をだき，非好意的に接する人には自分も非好意的な態度を形成しやすいというものです。また，多くのタイプに対人苦手意識を感じる人は，苦手なタイプが少ない人にくらべて，相手の人あたりのよさを極端に低く評価していました。これらの傾向から，相手の人あたりに対する認知は，対人苦手意識の感じやすさに影響する個人差要因であると考えられます。

しかし，自分が苦手な人に対してもっているイメージと，苦手な人自身が評定した自分のイメージとは一致しないこと（青木, 1995）や，ネガティブな対人感情が喚起される相手に対する認知は，否定的に歪みやすいことが明らかになっています。したがって，苦手な人の人あたりは，実際にはそれほど悪くなく，対人苦手意識をもつ個人の偏った評価である可能性が示唆されています。

③ 対人苦手意識を感じやすい対人関係とは

大学生の5割は，苦手な相手との会話中に，間があいてしまったり，間を意識してしまったりするときに，自分自身の対人苦手意識をつよく意識することがわかっています（日向野ら, 1998）。このような状況は，適当な言葉も話題もみつからず，望ましい自己イメージを与えることに失敗している状況といえるでしょう。リアリィとコワルスキ（Leary & Kowalski, 1990）は，自分が望ましいと考えている印象と，相手が自分に対して抱く印象との間に不一致が生じたとき，

自己呈示欲求が高まると説明しています。自己呈示が失敗した場合は，それがどのようなイメージであろうと，相手の拒否的な反応が呼び起こされるため（菅原, 1996），よりいっそう対人苦手意識が強くなりやすいと考えられます。このような体験は，表6-1の「性格・会話の不一致」や，何を考えているのかわからないような，「つかみどころのなさ」に該当する相手との間に多く，日常的には「ウマがあわない」（関根, 1996），「相性が悪い」（曽我部, 1993）と認識されることが多いようです。いずれにせよ，自他に性格的な問題があるわけではなくても，互いの間に何かかみ合わないものがあると感じると（曽我部, 1993），対人苦手意識につながることがわかります。

第3節 対人苦手意識の特徴

対人苦手意識を感じると，不快感や緊張，心理的なへだたりや対処行動（コーピング）の困難さを経験するといわれています（今林, 1996; 氏原, 1996）。実際には，対人苦手意識を感じるということは，相手に対するどのような気持ちや感情を抱くことなのでしょうか。また，どのようなつきあい方がなされるのでしょうか。

① 苦手な他者に対する気持ち

表6-3は，大学生に対して，苦手な人のことを考えるとどのような気持ちになるのか，相手に対する苦手意識とはどのようなものであるのかということをたずねた結果です。苦手な人に対しては，多くの人が嫌悪の情緒（一時的・瞬間的で比較的強い感情）を含んだ「不快」を感じていることがわかりました（45.4％）。また，女子では，苦手な相手のことを想像しただけでも，相手を避けたい，かかわりたくないという「拒否・回避」の欲求が生じています。

表6-3をよくみると，不快と拒否・回避は「苦手な人に対するネガティブ感情」（59％），緊張・不安は「苦手な人とのやりとりにおける自分の状態に対するネガティブ感情」（13％），ゆううつとむなしさは「自分自身に対するネガティブ感情」（21％）というように，対人苦手意識において感じられる感情は

表6-3 苦手な人に対する感情（日向野ら，1998より）

カテゴリー名	内容例	構成比（%）
1 不快	イライラする，顔もみたくない，どうしてなんだろうと思う，嫌い	45
2 拒否・回避 (f)	あまりかかわりたくない，一緒にいたくない，話したくない	14
3 緊張・不安	緊張する，どうしようかと考えてしまう，言いたいことが言えない	13
4 ゆううつ	ゆううつ，気が滅入る，疲れる，つまらなくなる	12
5 むなしさ	自己嫌悪，自信喪失，さみしさ，自分を見つめなおす	9
6 深く考えない	あわないから仕方がない，まあいいか，その場を過ぎたら気にしない	7

注1：構成比（%）は，全回答を100%としたときの，各カテゴリーの回答率を示す。
注2：(f) は，女子のみに得られた回答である。

3つにわけることができます。これは，対人苦手意識の成立要因における，外的・相互作用・内的の各要因に対応するとも考えられます。なお，表中の最後のカテゴリーである「深く考えない」のみ，苦手な人との関係を楽観的にとらえていこうとする姿勢が示されました。しかし，これは対人苦手意識そのものではなく，対人苦手意識に対する対処行動のひとつといえるかもしれません。

思考抑制（thought suppression）に関する研究では，意図的な抑制の傾向が高いほど，関連する思考が増幅してしまうことを明らかにしています（Wegner et al., 1987）。この知見にしたがえば，対人苦手意識におけるネガティブな感情を否定しようとするほど，逆に相手に対するネガティブな感情や対人苦手意識が高くなるといえそうです。

② 苦手な人とのつきあい方

大学生を対象にした調査（日向野ら，1998）では，苦手な人とはつかず離れず，あたりさわりのないように，という消極的なつきあい方がなされる傾向が最も多くみられました（全体の50%）。このような傾向は，わがままやいいかげんなタイプに対して顕著であり，自分にはない魅力的なところをもっているような少し近寄りがたい人に対しては低くなります。また，なるべく避けたい，つきあう気はない，といった相手を拒否・回避するつきあい方は全体の2割ほどにのぼり，消極的なつきあい方とあわせると，苦手な人とのつきあい方は，ネガティブなつきあい方が全体の70%近くを占めていました。

一方，あまり苦手を意識しないように，苦手な人のことを理解しようと努力しようとしたり，相手の苦手な面は相手の個性だと割り切るようにしたり，といったポジティブなつきあい方は，全体の3割ほどでした。このようなつきあい方は，何を考えているのかわからず，性格もあわないような理解困難な人に対して高く示されています。

第4節 対人苦手意識と職場における社会的適応との関連

　平成14年労働者健康状況調査（厚生労働省, 2003）によると，35.1％の回答者が「職場の人間関係の問題」に対して強い不安，悩み，ストレスを感じていることが報告されています。これは，職務上のストレスである「仕事の量の問題」（32.3％），「仕事の質の問題」（30.4％）よりも高ストレスとみなされており，職場における人間関係の問題は，それ以外の問題にくらべ非常に大きなストレッサーになるという知見と一致しています（Bolger et al., 1989）。以下では，このような職業場面について，対人苦手意識と職位，性差，職種との関連をみていきます。

① 対人苦手意識と社会的地位

　対人苦手意識は，職位や昇進と関係するのでしょうか。日向野・小口（2002c）は，職場の対人苦手意識を検討するにあたり，苦手な同性の部下に対して，ミスを注意しなければならない場面をとりあげました。そのような場面で感じられる対人苦手意識は，「わずらわしさ」と「懸念」という2つの側面にわけられます。わずらわしさは，その部下をうっとうしく思う，イライラするなどの，相手に対する率直な不快感情です。一方，懸念は，自分のことをどう思われるだろうか，どのように伝えようかと考えてしまうなどの，自分の行動や，相手からの評価に伴う不快感情です（橋本, 2006）。分析の結果，職位が高い社員（部長級：平均51.7歳）のほうが，職位の低い社員（一般職級：平均40.9歳，係長級：平均47.6歳）よりも，懸念の低いことがわかりました。かっこ内に記したとおり，職位が高くなると平均年齢も高くなりますが，年齢による懸念得点の

差異はありません。一方，対人苦手意識のわずらわしさについては，どの職位の人でも同じように感じていました。つまり，苦手な部下にわずらわしさを感じたとしても，相手の反応や自分の注意のしかたに臆することなく，きちんと部下に注意をできる人は，上位の職位につきやすいようです。

職位が高い社員は，職務上の権限や役割が多様なために，部下のミスを指摘する経験も豊富なはずです。そのため，職位が高い社員は，懸念を感じにくいとも考えられます。しかし，調査を重ねてみますと，職位に付随する諸条件が対人苦手意に影響するのではなく，対人苦手意識の低さが，職位や昇進につながることが示唆されています。将来管理職として期待されている，30代の男性社員を対象とした分析では，対人苦手意識のわずらわしさと懸念の低さが，管理職として求められる仕事上の積極性，気分転換の早さなどの情緒的な柔軟性，仕事仲間や友人とのつきあいを好む対人コミットメントを高めていました（日向野・小口, 2002b）。とくに，対人苦手意識のわずらわしさをコントロールできるほど，職務上の望ましい特性が高くなることが明らかになっています。

② 女性の職場における対人苦手意識

労働者健康状況調査（厚生労働省, 2003）では，男性（30.0％）よりも女性（44.4％）のほうが職場の人間関係にストレスを感じていました。しかし，学生のうちは，対人苦手意識に男女差はないことがわかっています。社会人になると，男性よりも女性の対人苦手意識が高いということは（日向野・小口, 2002c），女性特有の苦手な他者に対する「拒否・回避」欲求（表6－3）が影響しているのかもしれません。また職場では，女性の地位は低く，男性を基準とした人事労働管理や意思決定，昇進・昇格の制度などが慣行として存在しています。このような女性をとりまく職場環境が，女性の対人苦手意識を高めるような感情的負担を生み出している可能性も指摘されています（日向野・小口, 2002c）。したがって，苦手な人との必然的なかかわりを求められる職場では，女性は男性よりも対人苦手意識の影響を受けやすく，苦手な他者とのかかわりに苦痛を感じたり，無理をしたりすることが多くなると考えられます。

③ 対人苦手意識がネガティブな影響を及ぼす職種

　対人苦手意識が職業上の適応に及ぼす影響については，教師（曽我部，1993；塚田，1996）や医療従事者（安藤ら，2002；内野，2007）を対象とした検討がなされています。ここでは，近年，数量的な検討が多くみられるナースに着目してみます。

　看護師874名を対象とした調査によると，ナースが対人苦手意識を感じる患者とは，「攻撃的・怒りをぶつける」「医療者への不信」「操作傾向が強い・周囲をふりまわす」などの特徴をもっていることがわかっています（安藤ら，2002）。また，いばるなどの「強いパワーとコントロール」をもった患者，依存的，ナースコールが頻繁などの「時間とエネルギーがかかる」患者への対人苦手意識は，日ごろケアをするために直接患者とかかわることの多いスタッフナースの方が，婦長・主任級ナースよりも高くみられました。ナースが患者との信頼関係を築くことは，疾病だけではなく患者の精神的なケアにつながる重要な要素であるといえます。そのため，ナースが患者に対して対人苦手意識をもつと，自分のなかにめばえた否定的な感情と，自分が理想とする看護や，ナースという社会的・専門的に期待された役割との間で葛藤を抱えやすくなります。また，自責の念にかられたり，ナースとして無力感をおぼえたりするなど，対人苦手意識はナースにとってつらいものであり，職業上の適応に負の影響を及ぼすことが多数報告されています。

　コミュニケーションに着目しますと，対人苦手意識は，苦手な患者との積極的なコミュニケーション，または適切なコミュニケーションを抑制したり阻害したりする傾向があります。怒りっぽい，気難しい，頑固な患者に対しては，相手の気持ちを害さないよう，自分の感情を押し殺してかかわることがあるといいます（垣本ら，2006）。このようなコミュニケーションの抑制は，対人ストレスの原因のひとつである対人摩耗（橋本，2005）であると考えられます。対人摩耗とは，円滑な対人関係を維持するために，本心をおさえて意に沿わない行動をしたり，相手に対する期待はずれを黙認したりするような事態です。橋本（2005）は，苦手な同性知人との間には，対人摩耗が多く経験されていることを明らかにしていますが，ナースも例外ではないようです。日常的な対人摩耗は，個人間で対人ストレスを生じさせないための有効な手段であると解釈されます。

しかし，ナースにおける対人摩耗は，ナースが患者やその家族に対人苦手意識をもつことと同じように，対象者との間に距離をつくってしまうことになります。したがって，対象者の真の要求や心理状態をみえなくするため，効果的な看護介入が行われない原因になる（松高ら，2002）という問題点を含んでいます。

モリスとフェルドマン（Morris & Feldman, 1996）は，感情労働（emotional labor）に関する論文のなかで，自分が体験している感情傾向と，スタッフがそこで表出することを期待されている感情とが異なる場合，一種の役割葛藤のような感情の不協和が生じることを述べています。現実場面では，苦手な患者とのかかわりをはじめ，苦手な上司，同僚，顧客，取引先の担当者など，対人苦手意識がかかわるさまざまな職業上の関係において，感情の不協和が体験されていると考えられます。この感情の不協和は，バーンアウトの情緒的消耗感や職務満足感の低下につながることが明らかにされています（Morris & Feldman, 1996）。このような知見から，対人苦手意識のコントロールを強く求められる職種や，そのような職業上の対人関係においては，対人苦手意識が個人の適応にあたえるネガティブな影響を軽視できないことが示唆されるのではないでしょうか。

第5節 まとめ

対人苦手意識をもつと，苦手な人や苦手意識を感じる自分自身に対してネガティブな感情がめばえます。ネガティブな感情は，不快でこころを乱すものですから，そのような感情をなるべく感じないように動機づけられます。こころを乱す相手，すなわち，苦手な人とのかかわりを最低限なものにし，距離をおこうとするわけです。対人苦手意識を感じるということは，自分を不快で不安定にするものから遠ざけ，これ以上ネガティブな感情に陥らないよう，苦手な他者との距離を調整する働きをもつのかもしれません。

しかし，相手に共感し，情緒的なサポートも必要とされるヒューマン・サービス業においては，対人苦手意識を理由に苦手な相手から回避することは望ましいことではありません。そのため，ナースや教育者は，なぜ相手がそのような

（自分の苦手とするような）態度をとるのかを自分自身に問い，自らの対人苦手意識や，自分と苦手な人との相互関係をみつめなおすことが必要とされます。対人苦手意識を克服する必然性や，個人的感情にとらわれることなく職業人としての自覚や自信を高めたいというような社会的動機，また，相手を理解したい，よりよい関係を築きたいと願うような対人的動機が存在するときは，自分自身の対人苦手意識に向き合い，自他に対する受容的な態度にむすびつきやすくなると考えられます。

　苦手な人をうとましく思い，相手とのかかわり方に悩むことは，誰にとっても不快な経験です。しかし，見方をかえると，対人苦手意識は，自分がこれ以上いやな思いをしないための探知機やシェルターの役目を果たしたり，ときには，対人苦手意識に向き合うことで自己成長をうながしたり，ネガティブな側面だけではなく，ポジティブな側面も含んでいるといえそうです。

第7章 恋を失う

　青年期にある若者にとって恋愛は最も関心の高い問題のひとつです。恋愛経験を通して人は大きく成長していきます。しかし恋愛は強大な影響力を持つがゆえに，その恋を失ったときの反動も大きいといえます。社会心理学における恋愛行動に関する研究としては，「恋愛に対する態度や認知」「異性選択と交際におけるやりとり（社会的交換）」「恋愛感情と意識」「恋愛の進行と崩壊」といった分野があげられ（松井, 1990），多岐にわたり検討がなされています。このうち「恋愛の進行と崩壊」の分野で，いわゆる「失恋」の研究がなされています。テーマの重大性に比べると，社会心理学的観点からの研究は，まだ十分とはいえませんが，徐々にその研究数は増してきています。

　なお失恋とは，広辞苑第五版によると「恋する気持ちが相手にかなえられないこと。恋に破れること」とあります（新村, 1998）。パターンとしては，一定の交際を経てから別れる場合（恋愛関係の崩壊）と，交際はせずに一方的に抱いた恋愛感情（いわゆる片思い）をしまう場合が考えられます。大学生を対象とした研究によると，約6〜7割の者が過去に失恋経験があると報告しています（大坊, 1988; 栗林, 2001; 牧野・井原, 2004）。本章では失恋の発生から立ち直りまでのプロセスと，そのプロセスに影響を与える要因について紹介します。

第1節 失恋のプロセス

　失恋はどのように発生して,そして進行していくのでしょうか。ここでは,失恋をプロセスとしてみることにします（図7-1）。このプロセスは,大きく「失恋（恋愛関係崩壊）までのプロセス」と「失恋後の回復プロセス」のパートに大別することができます。ただしこのプロセスは,必ず順番どおりにまた明確に現れるわけではなく,混乱が生じる場合もありえます。また各プロセスに費やす時間も人それぞれ異なります。

　さて前半の失恋までのプロセス（図中の①～④）に関しては,一定の交際を経てから別れる場合を主に想定しています。ここまでのプロセスは,ナップ (Knapp, 1984) やダック (Duck, 1982) が提案している関係崩壊のモデルを参考にしています。ナップの階段モデルでは,①くいちがいの段階,②境界化の段階,③停滞の段階,④回避の段階,⑤終焉の段階という5段階を,ダックのモデルでは,①内的取り組みの段階,②関係的段階,③社会的段階,④思い出の埋葬段階という4段階を想定しています。いずれも,2人の関係においての不満感

① 関係における問題の認識
↓
② 問題への対処
↓
③ 関係解消への決意
↓
④ 関係の解消行動（失恋）
↓
⑤ 失恋に伴う諸反応の生起
↓
⑥ 失恋に伴う諸反応への対処
↓
⑦ 立ち直り

図7-1　失恋のプロセス

を生じさせる問題の認識が出発点にあります。次に，その問題に対して何らかの対処が取られることになります。2人の問題として相手に打ち明けて解決にあたる場合と，放っておいたまま（あるいは一方が気づかないまま）にする場合が考えられます。相手に打ち明けて不満が明らかになった場合，消極的に反応するか積極的に対処するかなどさまざまな方法が選択されます。対処が良好ならば関係は修復されます。対処により不満が解消されなければ，関係解消を決意する段階へと進みます。その後，関係解消に向けての具体的行動が取られます。明確に別れを切り出すこともあれば，自然消滅（積極的に関係維持のための行動をしないという行動）が取られることもあります。

そして別れが2者の中で共通認識されたあとは，さまざまな反応が生じます。ここからは，ボウルビー（Bowlby, 1980）やハーヴェイ（Harvey, 1995）の対象喪失からの回復のプロセスが参考になります。ボウルビーの4段階では，①情緒危機の段階，②抗議―保持の段階，③断念―絶望の段階，④離脱―再建の段階を想定しています。ハーヴェイのモデルでは，①初期（嘆き・否定），②中期（侵入・続行），③終期（完結・アイデンティティ変容）の3段階を想定しています。いずれも初期反応としては，情動的な動揺などが生じ，次第に対処への意識や行動が生じ，最終的に立ち直りへと向かいます。

以下では，各プロセスにおける特徴をもう少し詳しく紹介します。

① 関係における問題の認識

プロセスは，関係における問題を認識し，不満感が発生するところから始まります。これは関係にある2人のどちらか一方に生じる場合と両者に生じる場合があります。この不満感を生じさせた原因が，つまり失恋の原因といえるでしょう。失恋の原因については，ヒルら（Hill et al., 1976）や宮下ら（1991）の研究があります。ヒルらは，別れたカップルから関係崩壊をもたらした要因として表7-1のような回答を得ています。このうち，関係に飽きたという倦怠と関心の相違は，失恋経験者の6割以上が原因としてあげていました。また男女とも自分が独立を望んだことを原因としてあげるものも6割を超えていました。なお関係外の要因において，カップル間の別れの要因の認識に強い一致が見られることがわかります。宮下ら（1991）は，ヒルらを参考に失恋の原因をまとめ，

表7-1 関係崩壊の要因 (Hill et al., 1976)

	女性の回答 (%)	男性の回答 (%)	カップルの回答 の一致 (相関係数)
2人の関係要因			
関係に飽きた	76.7	76.7	あり (.23)
関心の相違	72.8	61.1	なし (.04)
立場の相違	44.2	46.8	なし (.05)
教養の違い	19.5	10.4	なし (.17)
性的態度の相違	48.1	42.9	あり (.33)
結婚観の相違	43.4	28.9	あり (.25)
関係外の要因			
女性の独立希求	73.7	50.0	あり (.57)
男性の独立希求	46.8	61.1	あり (.55)
女性の浮気	40.3	31.2	あり (.56)
男性の浮気	18.2	28.6	あり (.60)
遠距離恋愛	28.2	41.0	あり (.57)
女性の両親の圧力	18.2	13.0	あり (.33)
男性の両親の圧力	10.4	9.1	あり (.58)

新たに，自分の性格的問題（積極的に行動しなかったなど）や片思い（自分は相手に恋愛感情を持っていたが，相手は友だちとしてしか見てくれなかったなど）を追加しています。

② 問題への対処

2人の関係に亀裂をもたらした原因に対して，どのように対処するかが次のプロセスとなります。この時点ではまだ完全には関係は解消していないため，対処の仕方によっては不満が解消され，関係が修復・維持される可能性があります。このプロセスにおいては，不満（原因）を打ち明けるかどうか，つまり積極的に不満に向かい合うかどうかが考慮されます。和田 (2000) は，失恋前の対処方略に関する検討から，説得・話し合い，消極的受容，回避・逃避の3つの方略がみられることを明らかにしました。説得・話し合いとは，話し合いの場を持ち，相手を説得したり，納得がいくまで互いに話し合ったりすることです。消極的受容とは，自分の考えよりも相手の意見や考えに同調したり，相手の要求を受け入れたりすることです。回避とは，問題を無視したり，相手の言うことに耳を貸さないなどです。この対処行動には，交際の進展度と性別によ

る違いが見いだされています。説得・話し合いについては、進展度が初期の段階の者はあまり行わないようです。消極的受容は男性のほうが多く、回避・逃避は女性において進行度が最も進んだ段階では少ないことがわかりました。

その他の対処行動としては、ダックのモデルでいう社会的段階にあたる、身近な対人ネットワークに救いを求めるという「第三者へ問題の解決を依頼する」があげられます。この場合、カップルの問題がカップルを取り巻く周囲の人たちにも知られてしまうことになります。

③ 関係解消への決意

対処行動を経て、自らの関係を見直し、最終的に関係を継続するか終結させるかの意志決定が行われます。この意志決定に関わる主要な社会心理学的理論が社会的交換理論です。長田（1987）は、社会的交換理論の１つである相互依存性理論（Kelley, 1982）に基づいて図７−２のような関係への残留と離脱のパターンを示しています。社会的交換理論では、対人関係において、人は自分の報酬をなるべく大きくし、コストをなるべく小さくしようと考えることを前提としています。図中の成果（O: outcome）とは報酬からコストを引いたものにあたります。成果の査定だけでは関係解消の判断はできません。まず、その人のなかにある比較水準（CL: comparison level）と照らし合わせて、関係の満足度を求めます。満足度は、「成果─比較水準」で表わされます。さらに選択比較

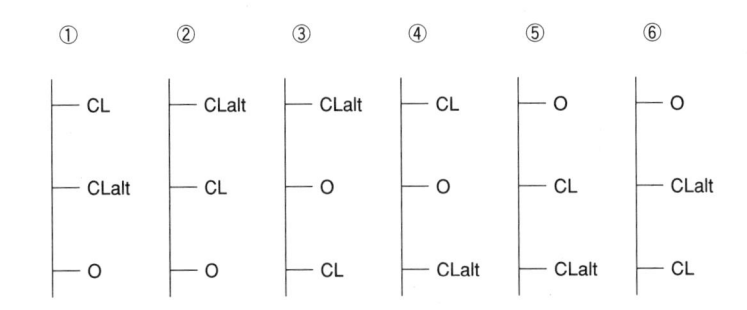

①	②	③	④	⑤	⑥
CL	CLalt	CLalt	CL	O	O
CLalt	CL	O	O	CL	CLalt
O	O	CL	CLalt	CLalt	CL

①不満で離脱する。
②不満で離脱する。
③満足しているが、他の望ましい関係へ移る。
④不満ではあるが、やむをえず残留する。
⑤残留し、かつ積極的に活動する。
⑥残留し、かつ積極的に活動する。

図7-2 関係への残留と関係からの離脱パターン（長田, 1987）

水準（CLalt: comparison level for alternatives）という現在の相手以外の選択可能な他者との関係から得られると思われる成果も参照し，最終的な結論を出します。図7-2の②や③は他の人との関係で得られるものに魅力を感じて，心変わりをするパターンといえそうです。

またラズバルト（Rusbult, 1983）の投資モデルでは，関係継続の意志やかかわりを「コミットメント」と呼び，「関係の満足度－選択比較水準＋投資量」で決定されると考えました。この中で投資とは，その関係につぎ込まれた時間，金銭，情緒的な努力，共有された思い出やモノなどを指します。このモデルによると，現在の相手との関係から得る満足度が低く，投資量が低く，より魅力的な代わりの異性が現われたときに，関係解消が促進されることになります。

④ 関係解消の実行

では実際に関係を終えるそのときの具体的な様子についてみていきます。まずは誰が別れの主導者となるかについてです。松井（1993）は，別れの主導者（自分から，相手から，両方など）について報告しています。それによると女性の約4割が自分から別れを切り出しており，これは男性の約2割に比べるとかなり多いことが示されています。恋愛関係の解消についての主導権は女性が持ちやすいことが伺えます。

またどの時期に別れ話が行われるかについては，アメリカの大学生を対象としたヒルら（1976）の調査では6月と9月に，日本の大学生を対象にした大坊

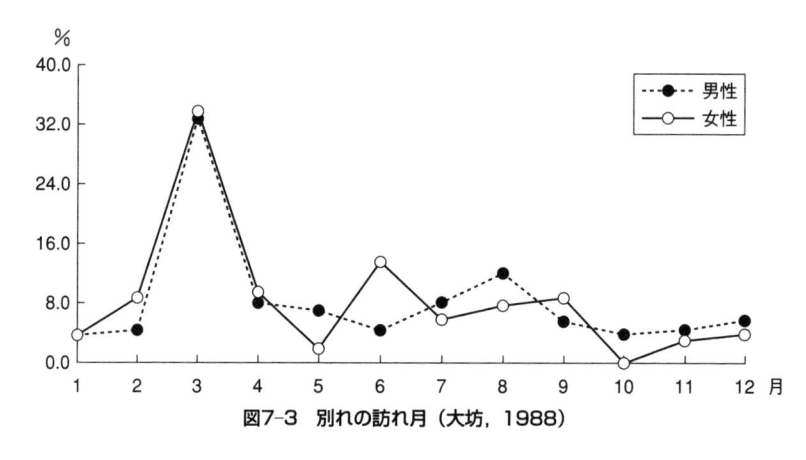

図7-3　別れの訪れ月（大坊，1988）

(1988) の調査では 3 月に経験した者が多かったようです（図 7-3）。アメリカでは 5 月末～ 6 月が卒業シーズンで， 9 月は新学期を迎える月です。学期・学年の節目といった，大きな生活変化に対応した結果となっていました。

さらに栗林 (2001) は大学生を対象として，別れ話をした時間帯・場所・告知方法についても調べています。時間帯としては，図 7-4 のように夕方から夜にかけて行われることが多く，午前中や日中はそれほど多くないことがわかります。別れ話がなされる場所については，自分の家（34.29％），学校（15.71％），道端（10.48％）の割合が多いことがわかりました（図 7-5）。そして具体的にどのような方法で別れ話をするのかについては，直接対面して行うのが最も多いものの（59.43％），電話（33.49％）を使用した伝達もある程度の割合を占めていました。

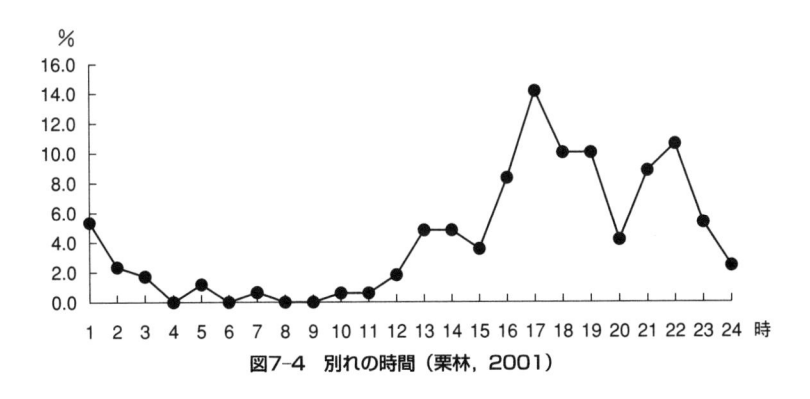

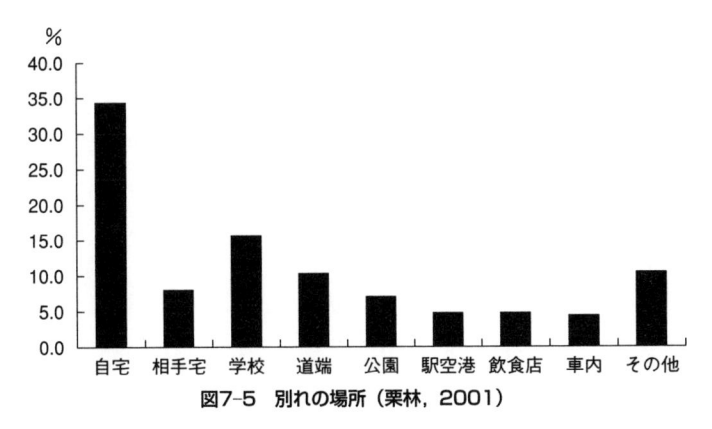

図7-4　別れの時間（栗林，2001）

図7-5　別れの場所（栗林，2001）

キャナリーら (Canary et al., 2003) は別れの具体的方略として，①肯定的トーン（相手を傷つけないような論調で述べる），②段階的縮小（友だちでいようなど関係の見直しを述べる），③退去・回避（相手の問いかけに答えない・かかわりを避ける），④正当化（別れの利点などを述べる），⑤否定的アイデンティティ操作（相手の感情を害すような論調で述べる）のように別れメッセージを分類しています。

⑤ 失恋後の諸反応の生起

失恋を経験した後の諸反応についても研究が行われています (松井, 1993; 飛田, 1992; 和田, 2000; 栗林, 2001など)。松井 (1993) は，失恋後の感情や行動として表7-2のような項目を紹介しています。「相手のことを思い出す」「悲しかった」といった反応は4割以上の人が経験しているようです。この項目を参考に調査を行った和田 (2000) は，失恋後の反応を，大きく「後悔・悲痛」と「未練行動」という因子にまとめています。表にあがった項目をもう少し細かくみると，感情的側面，認知的（思考的）側面，行動的側面から分類できそうです。感情的特徴としては，「悲しい」「苦しい」といった悲嘆や，「別れたことを悔やんだ」という後悔の気持ち，「相手を恨んだり，怒りを感じた」という怒り，「相手がいなくなって嬉しかった」という喜びが含まれています。認知的特徴としては，「別れたことが信じられなかった」という否認，「何かにつけて相手を思い出すことがあった」という回顧などが含まれています。行動的特徴としては，「相手と出会うように試みた」「相手の家の周囲を何度か歩き回った」など接近行動，「相手との出会いを避けようとした」「よくデートした場所を避けた」といった回避行動，「相手を忘れようとして他のことに打ち込んだ」「酒をよく飲むようになった」など逃避・発散行動が含まれています。なお接近行動が昂じてストーキングが生じる場合もあり，宮村 (2005) の調査によれば，女子学生の約1割は元交際相手からのストーカー被害を経験していました。

⑥ 失恋後の対処

上記のように失恋後にはさまざまな反応が見られますが，ここでは失恋によって生じたストレスを，能動的・意図的に解消するためにとられる対処行動に

第7章 恋を失う

表7-2 失恋後の感情や行動とその経験率（松井，1993より）

1．何かにつけて相手のことを思い出すことがあった	46.6%
2．悲しかった	41.3
3．相手をなかなか忘れられなかった	37.7
4．その人とは，友だちでいようと思った	36.9
5．相手との出会いを避けようとした	29.8
6．別れた後も相手を愛していた	28.2
7．強く反省した	27.8
8．苦しかった	27.4
9．胸が締め付けられる思いがした	26.2
10．その人のことを考えないようにした	25.8
11．別れたことを悔やんだ	25.4
12．相手を忘れようとしてほかのことに打ち込んだ	23.4
13．電話がなるとその人だと思った	22.2
14．相手を忘れるために，ほかの人を好きになろうとした	21.4
15．相手のことを知っている人とその人の話をした	21.4
16．相手とのヨリを戻したいと思った	19.8
17．何に対してもやる気をなくした	19.4
18．まったく別の人をその人と見間違えることがあった	18.7
19．相手につぐないたいという気持ちが起こった	18.6
20．相手に幻滅した	17.9
21．その人からの手紙や写真を取り出してよく見た	15.5
22．つきあっていたときよりも，その人が素晴らしい人のように思えた	15.5
23．夢の中によくその人が現われた	14.3
24．食欲がなくなったり，眠れなくなったりした	12.7
25．別れたために泣き叫んだり取り乱したりした	10.7
26．相手と出会うように試みた	9.9
27．別れたことが，しばらく信じられなかった	9.5
28．相手の声が聞きたくて電話をかけた	8.7
29．よくデートした場所へ行った	7.9
30．酒をよく飲むようになった	7.5
31．よくデートした場所を避けた	7.1
32．相手を恨んだり，怒りを感じた	6.7
33．相手の家の周囲を何度か歩き回った	6.3
34．相手がいなくなって嬉しかった	6.3
35．その他	4.8

ついて紹介します。一般的なストレス対処に関する分類としては，フォルクマンとラザルス（Folkman & Lazarus, 1980）の情動焦点型対処と問題焦点型対処が有名です。情動焦点型対処では，ストレスによって喚起された不快な情動状態を鎮めることを主眼とし，問題焦点型対処では，おかれている状況で生じている問題そのものを解決して，ストレスを鎮めようとします。神村ら（1995）は「情

動焦点か問題焦点か」という次元のほか，「接近的か回避的か」「認知的か行動的か」という2次元を加えた対処行動の3次元モデルを提唱し，肯定的解釈，カタルシス，回避的思考，気晴らし，計画立案，情報収集，放棄・諦め，責任転嫁の8タイプに対処行動を分類しています。また，一般的ストレスではなく"失恋ストレス"を取りあげた木島・須永 (1997) は，表7-3のような対処行動をあげ，失恋ストレスの早期解消者（3か月未満）と長期存続者（3か月以上）の比較を行っています。その結果，早期解消者は「失恋問題に集中し，その他のことはしない」といった競合活動を抑制して問題解決に集中していましたが，長期存続者は友人などへの感情的サポートの要請が高く，気晴らしによって心的回避を行う傾向が高いことがわかりました。

また加藤 (2005) は，失恋コーピングと精神的健康との関連性を検討しています。この研究では，失恋コーピングを「回避」「拒絶」「未練」の3つにまとめており，そのうち拒絶や未練の使用頻度が高いほどストレス反応が促進され，回復期間が遅れることが明らかとなっています。

ここで失恋からの立ち直りに向けて1つだけ提案をしておきたいと思います。これは，失恋した当人だけでなく，そのまわりの人がどうすればよいのかについてヒントになるかもしれません。失恋のようなネガティブなイベントを経験するとストレスがかかります。ストレスへの対処には，感情に焦点を当てる対処と問題そのものに焦点を当てる対処があると先ほど述べましたが，その両方に関わる具体的対処の1つに「自己開示」をあげることができます。自己開示とは，特定の他者に自分自身の情報を言語的に伝達する行為を指します。失恋に関して言えば，失恋の事実関係について話したり，そのことにともなう自分の気持ちを打ち明けたりといったことです。自己開示にはストレス緩和に関係する感情浄化という機能があります。ペネベーカー (Pennebaker, 1997) によると，自分の過去のつらい経験を他者に打ち明けた人のほうが打ち明けない人よりも健康で良好な適応が促進されるようです。また自己開示すると，それを聞いた相手から感想や助言を得る機会が増します。つらい失恋のストレスに関連する話題を誰かに打ち明けることで，自らのネガティブな感情を浄化し，かつ失恋がもたらす諸問題を解決するためのアドバイスを開示相手から得る機会を持ちやすくなるといえるでしょう。失恋というネガティブな内容を打ち明けること

表7-3 失恋対処行動（木島・須永，1997）

1. ソーシャルサポート
   （道具的サポート）
   どうしたらよいか，人にアドバイスを求める
   この問題に関して実際に何か手を貸してくれそうな人に相談する
   人と話し合って，この状況がどのようなものであるかを，より明確にする
   似たような経験をした人に，どのように取り組んだか尋ねる
   （感情的サポート）
   自分がどんな思いでいるかを人に話す
   自分がどんな気持ちでいるかを人に相談する
   友人や家族に励ましやなぐさめを求めようとする
   誰かに同情してもらうとか，自分を理解してもらおうとする

2. 受 容
   失恋したという現実は変えようがない，と考え，受け入れる
   失恋という事態を現実のこととして受け入れる
   もうすでに失恋してしまったのだからしかたがない，と考えることにする
   失恋という現実を受け入れて，なんとか耐えられるようにする
   時が心の傷をいやすのを待つ
   その人に望むものを得ようとすることをあきらめる
   その相手との恋愛という目標に向かって進むのをあきらめる

3. 現実否認
   「これは本当のことではない」と自分に言い聞かせる
   これは現実のことではないと考える

4. 問題解決
   （計画）
   どうことを運ぶのか計画を練る
   どのような方法で解決するべきか，一生懸命に考える
   どうするべきか，対策を練る
   失恋という事態をどう扱えばよいかを考える
   （積極的対処）
   失恋に対してさらに何かできることを行う
   大好きな人に振られたという事態に対してなんとかしようと全力をつくす
   失恋に対して真正面から取り組む
   失恋に対して，なすべきことをなし，一歩一歩先に進む

5. 神仏頼み
   神仏に頼る
   神仏の助けを求める
   神仏に祈る
   信仰にやすらぎをみいだそうとする

6. 悠然的対処
   性急に（せっかちに）行動して事態を悪化させないように気をつける
   性急に（せっかちに）行動しないように自分の言い聞かせる
   自分を抑えて，行動を起こす適切なタイミングを待つ

7. 目標放棄
   恋愛をすることをあきらめる
   恋愛を見つける努力を減らす
   恋愛に多くのことを望むのをあきらめる

8. 建設的再解釈
   この体験を生かし，人間として成長しようとする
   この体験から何かを学ぶ
   失恋してもその事態の中に何かよい点を見つけようとする

9. 嗜好的依存
   タバコを吸って，気をまぎらす
   酒を飲んで，失恋について考えないようにする

10. 競合活動抑制
    失恋問題に取り組む上で邪魔となることには，極力かかわらない
    この問題の解決に全力をつくすために，ほかのことは棚上げにする
    集中して失恋問題に取り組み，必要ならほかのことは多少は成り行きにまかせる
    気晴らしとなるようなことはしないで，失恋問題に取り組む

11. 感情表出
    取り乱して，感情をあらわにする
    自分の感情を表に出す
    ひどい苦痛を感じ，その心の痛みを外に表す
    自分が動揺していることを強く意識する

12. 心的回避
    ふだんよりたくさん食べて，気分をはらす
    ふだんより睡眠を多くとる
    映画やテレビをみて，失恋のことについて考えないようにする

13. 対他的現実否認
    本当は何も起こらなかったようなふりをする
    何もなかったようにふるまう

は抵抗があるかもしれませんが，信頼できる開示相手が身近にいればとても有効な方法となるでしょう。逆に，身近な友人が失恋で苦しんでいるのを見かけたら，機会をみて話しやすい雰囲気をつくるとともに，真剣に話を聴いてあげるとよいでしょう。

⑦ 立ち直り

　失恋はとてもつらいストレスフルな出来事ですが，いつかは立ち直って，普段どおりの生活へと戻っていきます。また新しい恋愛関係の形成を目指すこともあるでしょう。では，失恋の苦痛からの回復期間はどのくらいなのでしょうか。加藤（2005）の研究では，交際後の失恋では男性は5.07か月で女性は6.80か月，片思いの失恋では男性は4.63か月で女性は5.91か月という平均回復期間でした。なおこの回復期間には男女差はみられていません。

　失恋の苦痛をくぐり抜けた後には，その人にいろいろな変化がみられます。宮下ら（1991）は失恋後の肯定的変化として，「相手の気持ちや置かれている状況を考えるようになった」「今までよりやさしい人間になれた」「交際範囲が広くなり視野が広がった」などをあげています。また，堀毛（1994）は社会的スキルの向上をあげています。特に記号化スキルという，相手に自分の気持ちを伝えることに関するスキルは失恋経験のある者の方がない者よりも高いようです。男性は，失恋から得た自信やショックがスキル向上と関連しており，女性は，自分から強い愛情を示しながら失恋した場合にスキル向上するようです。そして，山下・坂田（2005）は自己概念の変化をあげています。失恋経験のある男性は，態度の表明や精神的自己といった自己の内面への注意が増すことが示されています。これは一概に肯定的とはいえないかもしれませんが，自分を見つめ直すきっかけにはなると思います。

　ところで，いったん完全に関係を終えた後に，カップルの両者がそれぞれ別れた相手のことを冷静にふりかえり，お互いの利害を考慮のうえ，復縁がなされる可能性もあります。このことを増田（2001）は対人関係の修復のひとつとして「再開」という言葉で表現しています。ただしこの関係再開（復縁）についての検討はまだ十分にはなされていないのが現状です。

第2節
失恋のプロセスへ影響を与える要因

　失恋のプロセスには，さまざまな要因が影響を与えています。ここでは失恋の各プロセスに影響を与える要因として，大きく個人的要因，関係的要因，周辺的要因に分けてみていきます。

　まず個人的要因としては，年齢，性別，人種，宗教，教育水準といった人口統計学的特徴のほか，個人的資質である自尊心，神経症的性格，ストレス耐性（ストレス処理スキル），過去の恋愛（失恋）経験などが考えられます。このなかでたとえば，性差は問題への対処 (和田, 2000)，別れの主導者 (松井, 1993)，失恋後の対処 (加藤, 2005) など各プロセスにおいて見られています。フレーザーとクック (Frazier & Cook, 1993) は，自尊心が高いほど失恋時のストレスが小さく，失恋後の適応感も高いことを明らかにしています。神経症的性格も関係の解消のリスクを高めると言われています (Bouchard et al., 1999)。また過去の交際人数が多いほど相手への献身的恋愛観が低く，このことが現交際相手や相手の家族との付き合いにネガティブな影響を与える可能性があります (中村・藤本, 2001)。

　次に関係的要因としては，カップルの類似性，交際内容（カップルの交際時の親密さの程度，交際の進展度，交際期間など），片思いであったかどうかなどがあげられます。たとえば，ヒルら (1976) は，恋愛カップルを2年間にわたり調査し，関係が崩壊したカップルは，存続しているカップルに比べ年齢，学力，身体的魅力などの類似性が低いことが示されています。シンプソン (Simpson, 1987) は，交際期間が長いほど，また親密度が高いほど，失恋時の苦痛が大きいことを見いだしています。また本章で示したプロセスの前半は，一定の交際を経てから別れる場合を想定していましたが，片思いの失恋の場合ではその後のプロセスへの影響も異なる可能性があります。バウマイスターら (Baumeister et al., 1993) は片思い求愛者の感情や認知などの特徴を描いていますが，片思い者の失恋プロセスに着目した研究は今後さらに検討していく必要があります。

　そして周辺的要因としては，カップルを取り巻く周囲の人（交友関係や親子

関係，恋敵の存在など），カップルを取り巻く環境（物理的距離や経済状況など），時代背景などがあげられます。カップルの対人ネットワークを構成する者からの支援や，カップルの交友関係の重なりが大きいほど，関係が安定するといわれています (Parks et al., 1983; Milardo, 1982)。また，カップルが離れて暮らすことも別れの原因としてあげられていますが (Hill et al., 1976)，これはその後のプロセスである問題への対処を物理的に困難にしてしまう影響などが考えられます。そして時代背景については，社会学的な視点ではありますが，たとえば，「つらい恋愛」や「失恋」を歌詞に盛り込んだ曲について70年代から90年代ごとに検討した酒井 (2002) の研究があります。90年代に向かうほどそのような曲がヒットしなくなっているようで，失恋という出来事に対する感受性や共感性が少しずつ薄れて来つつあるのかもしれません。

　以上のような要因が，今回紹介した失恋プロセスのどこに影響を及ぼし，どこには影響を及ぼさないのか，あるいは複数の要因の組合せによって特殊な影響があるのかといったことについては，今後さらに検討していく必要があるでしょう。その他，考慮しなくてはならないことは，先行するプロセスが次のプロセスへと影響を与えていくということです。たとえば，関係の問題の原因が「浮気」の場合と「遠距離恋愛」の場合では，問題の対処の仕方も異なるでしょう。またその対処の仕方が「話し合い」と「回避」の場合では，関係崩壊後の反応にも違いが生じる可能性があります。このようなプロセス間の相互関係についての検討も今後の重要課題といえるでしょう。

第三部 暴力

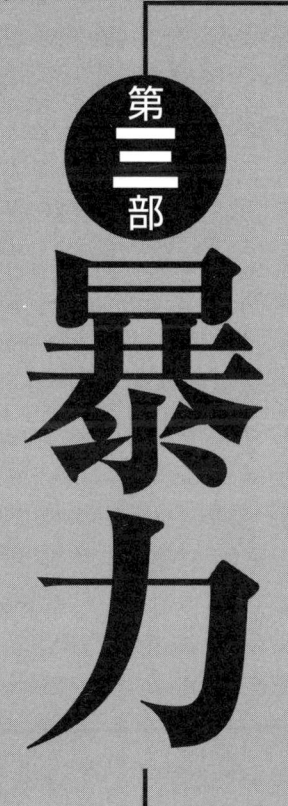

第8章 怒りを感じる

　怒りは対人場面で生ずることが多いといわれています。そして，否定的な情動（感情）としてとらえられがちです。怒りを他者（怒りの原因人物）に向けて表にあらわすことが，相手を攻撃することになる，または，怒りを表に出すことで対立を深める結果につながる，という考えが私たちのなかにあることが一因でしょう。では，怒りとその表出が私たちにとって問題となるのは，どのようなときなのでしょうか。

　本章では，対人場面で感じる怒りとその表出を含む一連の事象について，否定的な結果を引き起こす可能性に注目します。怒りに関する一連の現象については，アヴェリル（Averill, 1982）に詳細にまとめられています。わが国でもこの追試研究をはじめ，怒りの喚起・表出，怒りと健康，怒りの制御など幅広い観点から怒りに関する研究が進められています。感情にかかわる現象には文化的に規定されるところがありますので，これらのわが国での最近の研究を中心に紹介していきます。また，怒りの喚起と怒りの原因となっている人物への怒り表出に注目し，①「怒りがどのような状況で生じやすいのか」，②「喚起された怒りはどのようなときに，どのような形で表出されるのか」，③「怒りの喚起・表出の結果がどのようなものになるのか」の3つの観点に分けて検討していきます。現象にかかわるすべての要素を網羅することはできませんが，これらをとおして怒りが否定的結果に結びつく原因のいくつかを考えてみましょう。

第1節
怒りの喚起

① 怒りとは

　怒りはできることなら避けたい否定的な感情でしょう。しかし，人間に備わっている基本的な感情のひとつであり，日常的にもよく経験される感情です。そして，怒りとその表出（攻撃行動を含む）の問題は，古くから人にとっての関心事のひとつです。1998年に改訂された広辞苑第五版では「切れる」の意味として「我慢が限界に達し，理性的な対応ができなくなる」（新村, 1998）が新しく追加され，制御不能な感情としての怒りがわれわれの生活で無視できないものとなっていることがわかります。最近では青少年の凶行のみならず，分別をもったとされる大人の問題としてもとりあげられるようになってきています（香山, 2008など）。

　では，怒りはどのような性質をもち，どのように定義づけられているのでしょうか。湯川（2005）は，怒りの原因（認知），怒り喚起時の生理的な変化（生理），怒りの適応的な機能（進化），怒ることの社会的意味（社会）の4つの視点を総合して，次のように怒りを定義しています。すなわち，「自己もしくは社会への，不当なもしくは故意による，物理的もしくは心理的な侵害に対する，自己防衛もしくは社会維持のために喚起された，心身の準備状態」です。自分自身に対してひどい仕打ちをわざとされたことや，所属集団が何らかの不利益を被ったこと，不正行為などを認知した際に，これに抵抗し，状況の回復に向けた努力をしようとするときに生じるのが怒りであるといえるでしょう。そしてそれは，進化論的な適応や社会の秩序を保つ（社会的意味）ために役立ちうることがわかります。

　このようにみると，怒りそのものは必ずしも悪いものではないのです。しかし，暴力などの攻撃的な行動につながると好ましくないものと評価されることになります。そして私たちの日常的な感覚としては，こちらのほうが優勢なのではないでしょうか。これは怒りにかかわる一連の現象の分析とその理解が充

分になされていないことが一因だと思われます。そこで，対人関係で生起する怒りとそのコミュニケーションにどのような問題があるのかを検討してみましょう。

② 怒り喚起の理由

　感情の生起は出来事に対する認知評価に影響されるという考え方があります（唐沢, 1996参照）。感情との関連が指摘される認知評価の視点（次元）は研究者によって異なりますが，たとえば，状況が自分にとって望ましいものであったか，出来事を引き起こした責任は誰（どこ）にあるのか，出来事はどのくらい重要かなどの評価をとおして感情経験が決まるとする考え方です。怒りの喚起についてもこの考え方を適用することができます。そして，怒りの否定的結果を理解するためには，怒り喚起の原因となった客観的な事実というよりも，本人がその出来事をどのようにとらえているかを考えることが重要です。

　では，怒りの喚起にかかわる認知次元にはどのようなものがあるのでしょうか。ひとつには意図性・動機の正当性・制御可能性に関する評価の組み合わせによる理解の仕方があります。日常の怒りの経験を収集した研究結果では，故意で道理に反する出来事（意図的で不当）や回避可能な出来事（非意図的で制御可能）だと認知・判断される場合に怒りが経験されることが多いことが明らかにされています（Averill, 1982）。わが国での追試研究でも同様の結果が示されています（大渕・小倉, 1984）。

　また，怒りを引き起こした出来事が法律や規則，道徳，社会的慣習などの規範を逸脱しているかどうか（規範性）も怒りの喚起に関連する認知評価の次元です。社会的規範（明示的な法律や規則など公式な規範）の逸脱よりも対人規範（役割期待，他者への配慮など明文化されておらず慣習的で非公式な規範）の逸脱に対して強い怒りを感じることがわかっています（大渕, 2000）。

　では，具体的な出来事（原因）には何があげられるのでしょうか。実際の怒りの経験を尋ねた場合，欲求不満や活動の妨害，プライド損傷，道義違反，期待にそむくなどの心理的被害が身体的被害よりも多くあげられています（Averill, 1982; 大渕・小倉, 1984）。また，湯川・日比野（2003）の調査では「自分勝手（理由もなく約束を破られたなど）」「侮辱」「不当な強制（仕事を押し付けられ

たなど)」「迷惑行為（貸した物を返してくれないなど）」の4場面が怒りを感じやすい場面の典型として抽出されています。

ここで重要なのは，目に見える形の危害以外に，客観的に同定しがたい心理的被害が多いことです。加えて，先に述べた出来事の責任や意図の判断も被害者と加害者の立場によって異なる場合があるでしょう。非公式な対人規範の逸脱も同様です。価値観が多様化する現代社会においては，その規範を共有できないことが問題となることがあると考えられます。言い換えれば，個々人がそれぞれに正しいとする規範をもっているのです。これらは，被害者と加害者の間で被害・加害に関する認識のズレを生み出し，そのズレを拡大し，他者との社会的接触において些細な行き違いを増やし，日常的な対立を深めることにもつながりかねません。

③ 怒りの対象

先述の日常の怒りの経験に関する調査では，家族や友人・知人など親しい相手が怒りの対象になりやすいとされています (Averill, 1982; 大渕・小倉, 1984)。より最近のわが国での大学生を対象とした調査でも，「友人」「教師・教官」など日常生活場面でよく接触する相手に対して怒りをいだくことが多いことが示されています (湯川・日比野, 2003)。親しい相手に対して怒りが生じやすい理由のひとつとして，接触頻度が高くなるほど相手からの挑発を受ける機会も多くなることがあげられます (Averill, 1982)。このほかに，親しい相手の行為だけに怒りが増幅し悩まされがちである，相手の言動を変えさせたい気持ちが大きいことなども理由とされています。接触頻度の高さと相手に対する期待・要望の大きさが根底にあることがわかります。

しかし，身近というよりも見知らぬ人に対して向けられる怒り，たとえば，鉄道の駅や車両内など公共の場で他の利用客や係員に対して向けられる怒りが，この数年に新聞などのメディアでとりあげられ，問題視されるようになりました。これらの喚起された怒りに対して理性的な対応ができない大人たちの言動は，厳密には怒りの表出であり，怒りの喚起とは区別して扱われるべきです。しかし，このような現象が報道されるのは，見知らぬ人に対して怒りが喚起されやすくなっていることとも無関係なことではないでしょう。先述のように非

公式な対人規範は多様化し，お互いに共有されにくいにもかかわらず，自分が持っている規範の遵守を周囲に期待することが原因のひとつとなっているのかもしれません。また，自分の領域を確立しようとする個人化傾向が強まり，他者による侵害から個人の領域を守るために，他者の言動に対して敏感に反応しているのかもしれません。

第2節 怒りの表出

① 怒りに対する反応

怒りは攻撃行動を引き起こす可能性があります。しかし，必ずしも攻撃行動に結びつくとは限りません。アヴェリル（Averill, 1982）によれば，怒りに対する反応は大きく2種類に分かれます。表出的反応と道具的反応です。前者は，生理的兆候を含み，顔が赤らむ，いらいらする，引きつった笑いを浮かべるなどがあげられます。後者は，前者に比べて意図的にコントロールされる度合いが高いもので，社会的な意味で制御が必要になると考えられます。具体的には次の4つに分類されます。すなわち，「直接的攻撃行動群（言語的攻撃，利益停止，身体的攻撃）」「間接的攻撃行動群（告げ口，相手の大事なものへの攻撃）」「置き換え攻撃行動群（人に八つ当たり，物に八つ当たり）」「非攻撃行動群（相手との冷静な話し合い，怒りと反対の表現，心を鎮める，第三者と相談）」です。攻撃以外の行動が怒りに対する反応として存在することがわかります。最近のわが国の研究でもほぼ同様です（湯川・日比野, 2003など）。

これらの分類はいずれも，他者に向けられた行動か，その他者は怒りの原因人物か，といった観点から整理することができます。怒りを喚起させた人に対する怒りの表出の仕方（怒り表出行動）のみに注目してみると，「感情的攻撃」「嫌み」「表情・口調」「無視」「遠回し」「理性的説得」「いつもどおり」の7種類が日本人の怒り表出行動として紹介されています（表8-1）。一口に怒りの原因人物への怒り表出といっても，「理性的説得」や「遠回し」など主張的，婉曲的な行動を含め，攻撃以外の形態があることがわかります。怒りの表出を

表8-1 対人場面における怒り表出行動の分類（木野，2008より）

カテゴリー名	内容（例）
感情的攻撃	相手に対して感情的に怒りをぶつけ，相手を非難する 例）怒りをぶつける，詰問する，強く責める，感情的に反応
嫌み	相手の態度に対して嫌みや皮肉を言う 例）文句を言う，嫌みや皮肉を言う，苦労を伝える
表情・口調	相手を責めるようなことは何も言わないが，非言語的な部分では怒りを示す 例）冷たい口調，怒りの表情，冷たい態度，乱暴な態度
無視	相手に対して何の反応もしない 例）無視する，相手にしない
遠回し	自分が怒っていることを遠回しにさりげなく伝える 例）軽く言う，冗談のように言う，さりげなく言う，さりげなく理由を聞く
理性的説得	けっして感情的になることなく，相手の言動の非を冷静かつ理性的に説明する 例）説得・説教，注意，理由をよく聞く，謝罪の要求，意思の主張
いつもどおり	気にしていないふりをして，いつもと変わらない態度で接する 例）ふだんどおり，平静にふるまう，調子をあわせる，怒りは示さない，聞き流す

　その程度（頻度や強弱）のみではなく，どのように表出するのかという観点からも把握し，その方法を区別することは，怒りの喚起・表出が対人関係において否定的結果をもたらす可能性を考えるうえで役立つと思われます。

　では，これらの怒り表出行動はどの程度実行されるものなのでしょうか。他者に対して怒りを経験した際（表出が必要だと考えられる場面に限定）に，理想的な行動として最もよく選択されたのは「理性的説得（相手の言動の非を冷静かつ理性的に説明する。表8-1）」でした（56.7%）。しかし，その状況で実際に行った怒り表出行動となると，「理性的説得」の選択率は10.6%であり，理想とする怒り表出行動としては選択されなかった「いつもどおり（怒りを表に示さずに抑える）」が選択されることが多くなっていました（24.9%）。怒りの表出が必要であると判断していても，対人場面での怒り表出は抑制されがちであることがわかります。また，攻撃的な反応をしたいと思っても，実際の怒り表出行動は攻撃的なものではないことがよくあります（大渕・小倉，1984など）。実際の怒り表出行動と願望・理想とする行動は異なるのです。これらの各行動の実行または抑制にはどのような要因がかかわっているのでしょうか。

② 怒り表出行動を左右する要因

　各種の怒り表出行動の促進・抑制にかかわる直接的・間接的要因には，個人レベルから社会文化レベルまでさまざまなものが考えられます。個人特性にかかわる要因としては，自己愛傾向や言語化能力，自己意識，個性化・社会化の程度，性別などがあげられます。また，怒りの強さ，動機，相手との関係，社会・文化的なルールなど，よりその場の状況にかかわる要因もあり，これらは相互に作用しあって行動に影響すると考えられます。ここでは後者のうち対人的な側面に注目してみましょう。

　一般に，感情表出（厳密には表情表出）には社会文化的ルール（文化的表示規則）があり，社会的環境や役割に応じて適切な感情表出の仕方は異なります (Ekman & Friesen, 1969)。そして表情に限らず，他者の存在が対人場面における言動を左右する大きな要因であることはいうまでもありません。怒りも例外ではありません。日比野ら (2007) は，人間関係への配慮（相手や周囲への配慮），損得意識（表出によって生じる不利益を避ける）などが怒り表出行動を抑制する理由として意識されやすく，とくに前者は攻撃的な表出行動に対して抑制効果をもつことを示しています。怒り表出行動の実行において対人関係面での配慮の必要性が意識されており，また，適切な表出に関するルールに基づいて行動が選択されうるのです。

　これに関連して，受け手（怒りの原因人物・怒り表出を受ける人）との地位関係や親しさなど，当事者間の関係性が，怒り表出行動の選択に影響します。たとえば親しさに関しては，家族や他人に対しては友人などに比べて，喚起された怒りがあらわに示される傾向にあります (森下, 2003)。家族に対して怒りが率直に表出されやすいのは，関係が崩壊することはないという確信に基づくものかもしれません。これは日常経験にも合致することでしょう。一方，親密度の低い他人に対して怒りが表出されやすい理由としては，その無縁性ゆえに関係の悪化や崩壊を懸念する必要がないことが推察されています。実際，近年では，とおりすがりの見知らぬ相手，つまりまったく親しくない相手に対しても，攻撃的な怒り表出がなかば衝動的になされることが多いようです。第1節でもふれた鉄道係員や他の利用客のほか，店員などに対してキレる事例がその典型

的な例ではないでしょうか。親しい相手への場合とは裏腹に，関係形成や継続の必要がない相手であるため，先述の人間関係への配慮がなされないということもあるかもしれません。そして，本来は些細な苛立ちレベルの怒りも過剰に表明されていることもあるのではないでしょうか。また，日本社会の欧米化がますます進むなかで，自らの意見を表明・主張することを奨励する方向への社会の変化とも無関係ではないと思われます。本来は不当な要求を，表出者（怒っている人）は正当なものとして主張していることもあるでしょう。

第3節
怒り表出の対人関係への影響

① 受け手の反応

　怒り表出の結果には，表出者自身の心身への影響，根本的な問題の解決，対人関係面での影響などが考えられます。これらは相互に影響しますが，ここでは本書のテーマに沿って対人関係にかかわることがら，すなわち，怒り表出が受け手に与える影響に注目しましょう。

　一般に，怒りの表出は受け手からは攻撃的にとらえられやすく，問題や対立がますます深刻になったり，人間関係が悪化したりと否定的な結果をもたらす場合が多いと考えられます。怒り表出が対人関係においてもたらす結果に影響する要因としては，怒りの表出が正当であると受け手に判断されるかどうかがあげられます。そしてこの正当性判断を左右するもののひとつには，状況の性質があげられます。第一に，怒りの原因が「自己中心的な行為」「侮辱・無礼な態度」「意見や価値観の相違」などの場合には，「約束の破棄・裏切り」である場合に比べて，怒り表出の正当性が低く評価され，問題の解消や関係の親密化など肯定的な対人効果が得られにくいことが明らかになりました（阿部・高木, 2006）。ここで阿部らは，受け手が正当性評価をする際に「自己中心的な行為」と「約束の破棄・裏切り」を区別していることに注目し，両者の実質的な差異は「事前の約束の有無」であると意味づけています。この事前の約束の有無は，第1節で述べた規範の共有とも関連するのではないでしょうか。二者間で明確

に共有された規範がないことが，不当な怒り表出であるという受け手側の判断につながると考えられます。

　また，出来事から生じる被害が小さく，その出来事に対する受け手の責任が軽い場合ほど怒り表出の正当性が低く評価されます（阿部・高木, 2007など）。このように被害や受け手の責任が小さいと受け手や周囲がとらえているような状況で，過剰に苦情を並べたてる人（怒り表出者）は，受け手にはどのようにとらえられるのでしょうか。おそらく「自らの被害にばかり注目し，受け手の責任の程度についての認識が歪んでいる（過大視している）」と判断されることでしょう。結果として，怒り表出者の行動が正当であるとはみなされず，受け手にとって，さらには周囲の他者・社会にとっても受け入れられにくいことは想像に難くないでしょう。

　さらに，表出者の怒り表出の動機を受け手がどのように推測するかが，怒り表出の結果に影響します（阿部・高木, 2007）。向社会的な動機（自分のためというよりも他者のため）ではなく，自己満足的な動機（自己中心的な動機）による怒り表出であると受け手がとらえれば，怒り表出行動の正当性が低く評価され，社会的に望ましくなく，親しみにくいという否定的な印象形成に結びつきます。

　もちろん，怒り表出行動そのものも，怒り表出の結果を左右します。怒りが伝わりやすい表出行動ほどよい印象を与えにくいことは，日常経験からも理解可能でしょう。しかし，怒りを表に出さない（伝えない）ことが対人関係においてむしろ否定的な結果を招くこともあります。否定的な内容の言動抑制（その人とぶつかるくらいなら言いたいことがあっても言わない）を受けているという推測が，受け手の対人関係における不満を高める可能性があります（繁桝・池田, 2003）。そうだとすれば，強い怒りを感じていることを受け手に推測された状況でまったく怒りを示さないことは，受け手に不快感・不信感をいだかせ，対人関係に否定的影響を与える可能性があると考えられます。

　そこで，文脈から推測された怒り強度を考慮して，受け手が表出者の行動をどのように受け止めたかを検討した研究結果（木野, 2005）をみてみましょう。この研究では，評価対象となる怒り表出行動として，怒りを爆発させる形で表出する，怒りを表出しない，適切な形で表出する（自他のために主張的に表出する）の3種類をとりあげています（それぞれ，表8-1の「感情的攻撃」「いつ

もどおり」「理性的説得」に対応)。そして，これらの行動について，受け手に与える印象（好意・親しみやすさ）や当該の二者関係における適切性評価を比較しました。適切な表出についての対人印象に関する結果をみると，文脈から推測された怒りが強いほど印象が肯定的でした。つまり，受け手が予想している表出者の怒りの程度が強いほど，適切な怒り表出を行うことが肯定的評価につながるのです。また，適切性については，文脈から推測された怒りが強いほど，攻撃的表出に対する評価は高くなりましたが，無表出に対する評価は低くなりました。「表出者が強い怒りをいだいている」と受け手が推測しているときに，怒りを表出しないことは不適切であると判断される傾向があるといえます。

なお，この研究結果では，文脈から推測された怒りの強さにかかわらず，全般に，怒りを表出しないことが他の行動に比べてより肯定的な対人印象につながりやすいことも示されています。しかしその一方で，強い怒りを感じていることが文脈から推測されるような場合には，無表出は適切ではないと評価されたのは興味深い結果です。この研究における対人印象と適切性評価は，前者の方がより主観的・実際的で，後者の方がより客観的・理想的判断と考えられます。この点をふまえて結果をみると，一般的な理想としては，怒りを感じているのであればそれを知らせるべきだ，怒りを感じているにもかかわらずそれを示さないことは二者関係において適切とはいえないという判断がなされるといえます。しかし，実際の状況で何らかの形で表出を受け，相手の怒りに直面することになれば，少なからず自己や体面が傷つけられ，否定的な対人印象をいだくことになるといえるのではないでしょうか。

またこの結果とあわせて，適切な怒り表出は，文脈から推測された怒り強度とはかかわりなく，全般に適切性評価が高かったことも特筆すべきことでしょう。これらの結果は，少なくとも知識レベルでは「主張的」であるべきだという客観的な認識を私たちがもっていることを示します。しかし，実際の対人場面において，受け手としてその知識に基づく判断や反応を即座にすることは容易ではありません。表出者にとっての実行の難しさ（第2節参照）もここに原因を求めることができるのではないでしょうか。個人内および個人間で生じるこうしたズレは，二者間のコミュニケーション過程を理解するうえでは重要な

ものです。

② 怒り表出者と受け手のとらえ方の違い

　怒り表出者の立場とその受け手の立場では，怒り表出に関する一連の出来事に対するとらえ方が異なることが，いくつかの研究で示されています (阿部・高木, 2005; Baumeister et al., 1990など)。表出者の立場では怒りの原因を受け手の責任ととらえやすく，怒りの表出が正当であるとしますが，受け手の立場では怒りの原因となった自分の言動について正当な理由があるとしたり，相手の怒り表出反応を過剰ととらえたりします。つまり，どちらの立場も自分をより正当化しようとするのです。そして，お互いがこの食い違いに気づいていないことが，相手との対立を深める可能性が述べられています。

　さらに，表出者が当初は怒りの表出を抑えていて，後にその怒りが表出された場合に受け手はこれを過剰反応とみなしがちです (Baumeister et al., 1990)。これらの結果から，視点の違いにより対人葛藤が生じる過程が次のように説明されています。まず，一方が相手に害を与えたときに，被害者（表出者）は怒りをあらわにしないでいるとします。このため，加害者（受け手）は被害者の怒りに気づかず，その行為を繰り返すため，ついに被害者が一連の挑発に対して蓄積した怒りを表出します。これは被害者にとっては度重なる挑発に対する正当な行為です。しかし加害者は，被害者の怒りを積み重なったものとはとらえないのです。加害者にとってみれば，ふだんは相手が怒らないようないつもと同じことしかしていないということになります。このため，被害者の反応は過剰であると感じるというのです。被害者が我慢を重ねることが問題のひとつとなることがわかります。

　そしてこの次の段階として，被害者と加害者の立場逆転の可能性も考えられます。つまり，これまで加害者であった怒り表出の受け手が，今度は怒り表出という加害行為を受けた被害者となり，怒りを喚起・表出する，という立場の交代が繰り返されていくかもしれないのです。これは両者の対立を深めていくことになるでしょう。このような否定的な連鎖を防ぐためには，表出者（被害者）と受け手（加害者）の双方が，お互いの認識にはバイアスがかかっていることに留意すべきではないでしょうか。そして，相手の立場にたって相手の言

動を理解する努力が必要となるでしょう。これまで述べてきたように，怒りの経験・表出によってもたらされる結果には，怒りに関する一連の事象についての表出者と受け手のとらえ方のズレが大きくかかわっています。したがって，怒り喚起事象に対する個人内での認知判断や，これに基づく当事者間での相互作用，さらにはその相互作用による認知判断の修正をとおして，怒りの経験・表出の結果も変化していくと考えられるのです。

第9章 人をおいつめるいじめ

―集団化と無力化のプロセス―

　人間には，まったく同じ人はいません。たとえ遺伝子が同じでも，育った環境により性格や能力などが異なります。そのさまざまな相違が互いを必要とする理由になる場合もあれば，互いを排斥する理由にもなります。また，人間が社会で適応的に生きていくために，なんらかの「ちから」が必要とされます。「ちから」に差がある人たちが出会った場合，「ちから」のある側が他者を支えることになる場合もあれば，他者を抑圧する結果になることもあります。

　人間はただ一緒にいればいいのではありません。必要と排斥，支援と支配のどちらに向かうのかで，幸不幸があります。しかし，いじめる子といじめられる子の関係を，筆者は不思議だと思います。いじめる側がいじめられる側を，排斥しつつ必要としているように思えるからです。

　いじめの問題を考えるとき，「ダークサイド」がはっきりしていないことが，問題をわかりにくく，対処しにくくさせているように思えます。いじめた理由をきくと，「なんとなく，面白かったから」「あいつが，他のやつをいじめたから」など，ふざけや中途半端な正義感からの言い訳がでてきます。そのふざけや正義感がいつのまにか，人を追い込み，傷つけ，犯罪になります。

　さて，本章を読み進める前に，ひとつお願いがあります。あなた自身のいじめの定義を考えてみてください。「いじめ」とは，どういうことを指すのでしょうか。

第1節 いじめは関係内攻撃

① いじめ定義の難しさ

　いじめの定義が人によって異なるので，学校側と保護者のあいだで，ある子のしたことがいじめであったのかどうかが議論になってしまい，解決に向けての共同ができないこともあります。実は，この定義問題は，日本だけの問題ではありません。いじめと翻訳される英語であるbullying（以後，英語のbullyingをブリイングと表記します）に該当する各国の言葉のニュアンスの違いを検討した研究がありますが (Smith et al., 2002)，各国の言葉のニュアンスにはかなりの多様性があります。

　いじめの定義は研究者のあいだでも微妙に異なりますが，従来の定義の多くは，次の3点に言及しています。

①多様な形態：いじめには，身体的攻撃，言語的攻撃，陰で行う持ち物や名誉の毀損，仲間からの排除などの形態がある。

②一方向性：被害者と加害者（複数の場合も）のあいだに人数や力などの差があり，攻撃が一方向的。（攻撃が双方向的な場合には「けんか」）

③意図的繰り返し：1回だけということは少なく，意図的に繰り返される。

しかし，この定義には，欠けている観点がありました。

② カンダーステグ宣言

　本章では，2007年6月に各国のいじめ研究者がスイスでの会議の際にだしたカンダーステグ（Kandersteg）宣言でのいじめ定義を引用します。(http://www.kanderstegdeclaration.org/pdf/KandersegDeclarationEN.pdf) ここでは，さきほどの定義に欠けていた観点が入っています。

　その定義によれば，いじめは攻撃の一形態で，関係性のなかでのちからの乱用を伴います（Bullying is a form of aggression, involving the abuse of power in relationships.）。「力の乱用」がいじめの本質であることは，以前より指摘さ

れていました (Smith & Sharp, 1994)。何らかのちからのアンバランスがあり，そのちからがよいことには使われていないということです。しかし，「関係性のなかでの」という定義は，海外においては比較的新しいものです。カナダの研究者が「関係性の問題」(relationship problems)としていじめをとらえ (Pepler, 2006)，欧米の研究者もクラスや学校や友人関係のあり方を近年は問題にしていますが，実は，そもそも日本でのいじめ定義にはこの観点がはいっており，そのことが指摘されていました (詳しくは，滝，2007)。

③ 日本におけるいじめの定義

　森田・清永 (1986) の定義では，「<u>同一集団内の相互作用過程において</u>優位に立つ一方が，意識的に，あるいは集合的に，他方に対して精神的・身体的苦痛をあたえることである」としています (下線は筆者)。もちろん，社会的排除が心理的ダメージを与えるのは，たとえ希薄であっても仲間集団のつながりが前提になってのことです。ですから，多くの定義は仲間のなかでいじめが起きる可能性を無視しているわけではないのですが，森田・清永の定義ではこの点を当初から明示していました。この「同一集団内の相互作用過程において」という観点は重要です。見知らぬ人からの攻撃であれば，繰り返されてもいじめとは呼ばないでしょう。また，警察などに通報することになると思います。

　さらに，森田・清永 (1986) の著書の「教室の病」という副題に含蓄があります。いじめは，個々人の問題に限局されるものではなく，一定の関係性のある集団の問題であるということが端的に言明されています。

④ クラスごとに異なる結果

　もしもいじめが単に個人的な要因だけで起きているのであれば，いじめをしやすい，あるいはいじめられやすい子を，特定のクラスにまとめるような学級編成が行われていない限り，いじめの発生率はクラスごとに大差はないはずです。詳細な標本統計の議論はここでは省き，クラスごとの違いを実際のデータで見てみましょう。ある国際比較調査のオーストリアの学校分をクラスごとに集計した結果が図9-1です。

　平均値ではなく，このようにクラス単位でみますと，いじめの報告のほとん

身体的ないじめ-初等学校

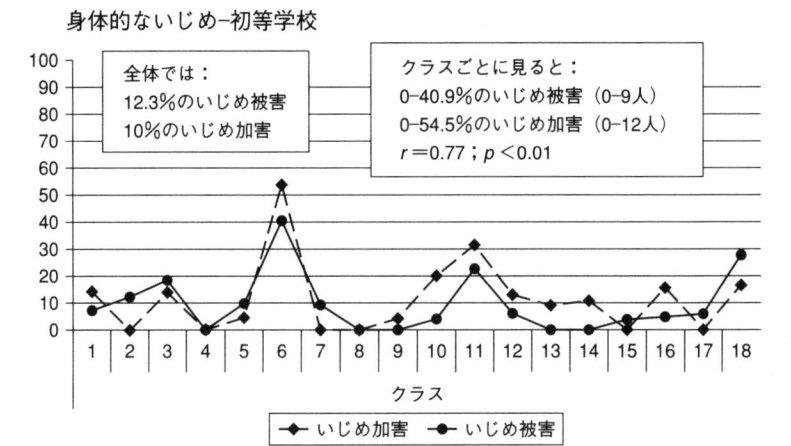

全体では：
12.3％のいじめ被害
10％のいじめ加害

クラスごとに見ると：
0-40.9％のいじめ被害（0-9人）
0-54.5％のいじめ加害（0-12人）
$r=0.77$；$p<0.01$

図9-1　オーストリアの学校におけるいじめのクラスごとの集計結果

どないクラスから半数近くが報告するようなクラスまであります（Atria et al., 2007）。国際学会のいじめ問題のシンポジウムで，韓国の研究者から「韓国では，学校全体で，ひとりの子をいじめた事例もある」と聞いてその場の皆が驚きましたが，そのことは「学校」という単位でのいじめが珍しいことを示しています。個人の問題や学校の問題も視野にいれつつ，基本的にはクラスなどの集団単位での関係内攻撃としていじめを理解し，対処していく必要があるようです（Atria & Spiel, 2007）。

第2節 いじめの件数ではなく集団化・無力化が問題

① いじめの調査方法の問題

いじめについて子どもが回答する調査方法にはいろいろありますが，実は，困った問題があります。最も困ることは，いじめの定義の仕方の問題と「誰のことを回答してもらうのか」という問題です。

後者の問題については，いじめの調査手法には大きく分けて2種類あります。「自分がしたか（されたか）どうか」を自己報告することを求める方法（self-report）と,「そのようなことをした（された）のは誰か」と,仲間を指名する方法（peer nomination）です。自己報告では,いくら匿名であっても,した（された）ことを隠すことがあります。しかし,仲間指名でも見たことを書けなかったり,虚偽の指名をしたりすることも考えられます。

　前者のいじめの定義の仕方の問題というのは,たとえば,「あなたはいじめられたことがありますか？」と聞いても,人それぞれに「いじめ」と言われて思い浮かぶことが異なるという問題です。大学生にいじめの調査をしますと,「今思えば,自分が小学生の頃にされていたことはいじめだった」というような記述がでてきます。そのような学生が小学生だったときに「あなたは,今の学年になってから,いじめられたことがありますか」と聞いても,「いいえ」あるいは「わからない」となる可能性があるのです。もちろん,そのような問題に対処するために,アンケートの最初にいじめの定義を書いておきます。しかし,それでも回答しているうちにその定義を忘れてしまっていることもあるでしょう。

　いじめなどの言葉の定義を避けて調査する方法もあります。それは,「あなたは,今の学年になってから,次のようなことをされたことがありますか」などと問いかけ,具体的な行為について,その頻度などを選んでもらうものです。この方法でも,個々の行為を示す言葉のニュアンスの違いがないとはいえませんが,相対的に小さいと考えられます。しかし,この場合は別の問題があります。それは,いじめの定義にある攻撃の一方向性を調べることができていないということです。仲間指名の方法をとれば,ある程度この方向性の問題を解決できますが,そもそも倫理的な理由や回答しにくいという問題から,この仲間指名によるいじめ調査を日本の学級でできると筆者（以降も,「筆者」とした場合には,第一著者個人の考えであることを示す）は考えていません。

② 一方向の攻撃の問題

　そこで,そのような場合に,自己報告のアンケートのなかで攻撃的なことをされた場合にどのように対応したかを尋ねておくという方法があります。「やり返した」「抗議した」などの項目に「はい」と回答していれば,それはけんかの可能性もあります。それを考慮しないと,教室内のいざこざや子どものな

かで解決していることまで数えてしまい，その結果，教室内がいじめだらけに見え，深刻なケースがあったとしても多数の事例のなかに埋没してしまい，結果的に対処をし損ねることになります。

では，実際の調査事例から，そのことを見てみましょう。表9-1は，ある中学校でいじめられ経験に関して調査した結果を示したものです。あるクラスについて，「されたこと」と「されてどうしたか」のそれぞれの項目群について，「有」の場合に「1」を記入し色を濃くしています。「無」の場合の大多数の回答は省略しました。

表9-1左側は，回答の結果そのままです。表9-1右側は，いじめられたという回答があっても，「逆らった」と回答していた場合には「されたこと」と「されてどうしたか」の各項目群への回答の「有」を「無」にしたものです。

このようにデータを処理することで，逆らえるという意味で，まだ対等な関係のなかでのいざこざである可能性のあるものを除くことができます。ここから，逆らうまでもないので逆らっていないケースや，おとなに相談しているケースを除くことで，深刻化していく可能性のあるケースを絞り込んでいくことが可能です。もちろん，回答そのものの信頼性の問題がありますので，回答されたケースだけに対応していればいいわけではありません。けれども，「アンケートをとったらいじめだらけで，結局，深刻なケースへの対応はしなかった」という状況を避けるためにはこのような方法もあるということです。

このようなアンケートをした場合に最も注目すべき回答は，ひどいことをされているのに，逆らってもいないし誰にも相談していないというような回答です。そのような場合には学習性無力感（learned helplessness）に陥っている可能性があります。ただし，されていることを回答しているということは，SOSを出す力は残っているようです。本当に危険なのは，このようなアンケートにさえ，自分がされているひどい仕打ちを回答できなくなっているようなケースです。そこまで無力化した場合には，表面化したときには，かなり深刻な問題になっています。

③ 繰り返しの攻撃の問題

従来からいじめの定義には，一方向性と繰り返しが入っていますが，その2

第9章 人をおいつめるいじめ

表9-1 ある中学校におけるいじめられ経験に関する調査結果

(Table with vertical Japanese headers showing survey results about bullying experiences at a middle school. The table contains two main sections each divided into subsections: "されたこと" (what was done to them) and "されてどうしたか" (what they did in response), with columns for each respondent showing 性別 (gender: 男/女) and いじめられ経験 (bullying experience: 有/blank), with 0/1 values indicating responses.)

Upper table — されてどうしたか rows:
- 相談窓口: 0 0 0 0 0 0 0 0 0 0 0 0 0 0
- 家の人に相談: 0 1 0 0 0 0 0 0 0 0 0 0 0 0
- カウンセラーに相談: 0 0 0 0 0 0 0 0 0 0 0 0 0 0
- 先生に相談: 0 1 0 0 0 0 0 1 0 0 0 0 0 0
- 逃げた: 0 0 0 1 0 0 0 0 0 0 0 0 0 0
- 助けを求めた: 1 0 0 0 0 0 0 0 0 0 0 0 0 0
- 逆らった: 0 0 0 0 0 0 0 0 0 0 0 0 0 0
- 冗談ぽく応じた: 0 0 0 0 0 0 0 0 0 0 0 0 0 0
- 黙っていた: 0 0 0 0 0 1 0 0 0 0 0 0 0 0

Upper table — されたこと rows:
- パソコンなどで誹謗中傷: 0 0 0 0 0 0 0 1 0 0 0 0 0 0
- 恥ずかしいこと危険なことをさせられた: 1 1 0 0 0 0 0 0 0 0 0 0 0 0
- 隠された盗まれた: 1 1 1 0 0 0 0 1 0 1 0 0 0 0
- たかられた: 0 0 1 0 0 0 0 0 1 0 0 0 0 0
- ひどく叩かれたり蹴られたりした: 0 0 0 1 0 0 0 0 0 0 0 0 0 0
- 軽く叩かれたり蹴られたりした: 1 0 0 1 0 1 0 0 0 0 0 0 0 0
- 無視された: 1 1 0 0 1 0 0 0 0 0 0 0 0 0
- 文句を言われた: 1 1 0 1 0 1 0 1 0 0 0 0 0 0
- いじめられ経験: 有 有 有 有 有 有 有 有 有
- 性別: 女 男 女 男 男 女 女 男 男 男 男 男 男 女

Lower table — されてどうしたか rows:
- 相談窓口: 0 0 0 0 0 0 0 0 0 0 0 0 0 0
- 家の人に相談: 1 0 0 0 0 0 1 0 0 0 0 0 0 0
- カウンセラーに相談: 0 0 0 0 0 0 0 0 0 0 0 0 0 0
- 先生に相談: 0 1 0 1 0 0 0 0 1 0 0 0 0 0
- 逃げた: 1 0 0 0 1 0 0 0 0 0 0 0 0 0
- 助けを求めた: 0 1 0 0 0 0 0 0 0 0 0 0 0 0
- 逆らった: 0 1 1 0 1 0 1 0 0 0 0 0 0 0
- 冗談ぽく応じた: 0 0 0 0 0 0 0 0 0 0 0 0 0 0
- 黙っていた: 0 1 0 0 0 1 0 0 0 0 0 0 0 0

Lower table — されたこと rows:
- パソコンなどで誹謗中傷: 0 0 0 0 0 0 0 1 0 0 0 0 0 0
- 恥ずかしいこと危険なことをさせられた: 1 1 1 0 0 1 0 0 0 0 0 0 0 0
- 隠された盗まれた: 1 1 0 1 0 0 0 0 1 0 0 0 0 0
- たかられた: 1 0 0 0 0 0 0 0 1 0 0 0 0 0
- ひどく叩かれたり蹴られたりした: 0 1 0 1 1 0 0 0 0 0 0 0 0 0
- 軽く叩かれたり蹴られたりした: 0 1 0 1 1 0 1 0 0 0 0 0 0 0
- 無視された: 1 1 0 1 1 0 1 0 0 0 0 0 0 0
- 文句を言われた: 1 1 1 1 1 1 0 1 0 0 0 0 0 0
- いじめられ経験: 有 有 有 有 有 有 有 有 有
- 性別: 女 男 女 男 男 女 女 男 男 男 男 男 男 女

つの相互関係に関する議論や実証的研究は，多くありません。今後の研究課題として，この一方向性と繰り返しが生じてくる過程を記述する必要があると思われます。ただし，その因果関係に関する仮説は単純ではないでしょう。いじめる側の人数の多さやちからの強さが一方向性をもたらし，そのせいで攻撃が繰り返される場合もあれば，一方で，繰り返されるなかで，ちからや人数のアンバランスが生じて，攻撃が一方向になっていく可能性もあります。

　つまり，森田・清永 (1986) の定義では「優位に立つ一方」とされる側，カンダーステグ宣言での定義では乱用するちからをもつ側が，最初から決まっている可能性もあれば，やったりやられたりの過程のなかで誰かが優位になっていく可能性もあるということです。

　いじめにおける攻撃の一方向性の背景にあると考えられる，いじめる側のちからの強さや人数の多さのうち，人数の問題については，筆者らの最近の共同研究で迫ろうとしています。戸田ら (Toda et al., 2007) は，日本とドイツ語圏に住む，日本では小学校4年生から中学校3年生に該当する年齢の子どもたち1,305名の回答を分析しています。この調査では，どこに住んでいるかだけではなく，母語が日本語なのかドイツ語なのかによって，「日本に住む日本語母語者」「ドイツ語圏に住む日本語母語者」「日本に住むドイツ語母語者」「ドイツ語圏に住むドイツ語母語者」の4群で比較をしています。ここでは，このうち，「日本に住む日本語母語者」と「ドイツ語圏に住むドイツ語母語者」を比較します。

　攻撃に関する質問は，「いじめ」などの用語ではなく具体的な行動について尋ねる尺度 (Crick & Grotpeter, 1995) を踏まえて作成しました。攻撃の繰り返しに関しては，ここでは，ある一定期間における頻度で尋ねています。「約週1回」や「ほぼ毎日」を「頻度が高い」ケースとし，「1，2回」や「ときどき」を頻度が低いケースとしました。また，いじめる側の人数の問題に関しては，「大勢で」や「1人や大勢」の場合に「集団」としました。「1人で」や「(その人が) 誰かと」は「非集団」としました。

　この調査の結果を見る前に，なぜこのような調査を行ったのかを説明します。

　ヨーロッパのいじめ研究が日本に紹介される以前，いじめは日本特有の現象であると多くの人には思われていました。その後，国際的ないじめに関する比較研究が行われるようになり，日本だけの問題ではないことがわかりました。

けれども，日本のいじめとイギリスのブリイングにはかなりの違いがあります（Kanetsuna & Smith, 2002; 滝, 2007）。滝（2007）は，「校内暴力」のようなものが中心と思われるブリイングと日本のいじめは異なるのではないかと論じています。日本のいじめは，同学年の集団のなかで心理的なダメージを与え続ける印象が強いのに対し，イギリスのブリイングは，学年が違う人からの短期的な暴力に大きな比重があるようです。つまり，翻訳時に対応している言葉の指し示す内容が異なるのです。滝（2007）によれば，言葉の指し示す範囲が違うだけではなく，実際に起きている現象にも違いがあります。その違いのうち，筆者らが着目したのは，攻撃が継続したときの集団化です。その際，「継続の度合い」で直接尋ねるのではなく，「一定期間での頻度」を尋ねました。この頻度と集団性の2つをクロス集計してみたところ，表9-2のようになりました。ここでは，関係性攻撃に限定して示します。

ドイツ語圏でも日本でも，頻度が低い場合には，8割程度は1人か2人による攻撃です。ところが，頻度が高い場合には，集団による攻撃がドイツ語圏では半分ほどですが，日本では8割になります。これは，日本での関係性攻撃は，ドイツ語圏に比べて，継続した場合には集団化していることを示しているのではないでしょうか。

その後のより詳細な分析によって，ドイツ語圏でも同様の結果になる場合があることがわかってきましたので，この結果は日本だけのものではなく，「攻撃の継続と集団化が随伴する」ということが仮説として浮かびあがってきました。今後，この仮説を確認するための短期の縦断的研究が必要と思われます。

表9-2　関係性攻撃の頻度と集団性に関する集計結果

(1) 日本での頻度と集団性

関係性攻撃の被害

		加害の側の人数	
		1人か2人	集団
頻度	低い	133 78.2%	37 21.8%
	高い	4 18.2%	18 81.8%

(2) ドイツ語圏での頻度と集団性

関係性攻撃の被害

		加害の側の人数	
		1人か2人	集団
頻度	低い	117 80.7%	28 19.3%
	高い	17 51.5%	16 48.5%

④ いじめの報告件数ではなく集団化と無力化に着目を

　この節で述べてきたことは，調査結果の集計法を工夫することで，いじめ件数の増減に一喜一憂するのではなく，反抗も相談もできない無力化をあらわす回答や，「集団で」「頻繁に」やられている回答に着目するべきということです。

　この「集団化」に関しては，前述のようにいじめる側の人数を尋ねる方法もありますが，いじめがクラス集団を超えていないということが仮定できるのであれば，クラスの中でのいじめている側の回答と，いじめられている側の回答の比率（B／V比率）が指標になると考えられます。

$$B／V比率 = \frac{（いじめっ子の数）Bully}{（いじめられっ子の数）Victim}$$

　さらに，もしも仲間指名の調査手法が使えるのであれば，誰が誰をいじめているのかを図式化することで，いじめが集団化しているかどうかを検討できます。いじめが関係のある集団内の問題で，かつ，いじめる側が集団化し，いじめられる側が無力化したときに深刻な事態であると考えるのであれば，そのような深刻な事態をなるべく早く察知できるようなアンケート手法や分析手法を用いて論じるべきでしょう。

第3節
いじめのプロセスモデル

① いじめの芽・いじめ・いじめ犯罪

　前節までで，いじめが，ある関係の集団のなかで，一方的・継続的に行われる攻撃であることを述べました。また，その攻撃の繰り返しの過程で，いじめる側が集団化し，いじめられる側が無力化する可能性について述べてきました。

　ここでは，それらの知見を位置づけるための，いじめに関するモデルを仮説として掲示します。そのモデルは，今までのメディア等でのいじめに関する言説の問題点を克服することもねらっています。その問題点とは，逮捕者が出る

ような深刻なケースも「犯罪」と呼ばずに「いじめ」と呼んできたことです。「いじめ」の定義が広すぎるのです。少数の研究者はこのことを早くから指摘していましたが（たとえば，三藤ら，1999），恐喝や傷害などで逮捕される事例は「いじめ犯罪」と呼ぶべきと思われます。

一方で，いじめる側の集団化やいじめられる側の無力化が起きていないような段階のものを「いじめ」と呼ぶことで，いじめ定義のすれ違いに陥らないように，初期段階は「いじめの芽」とでも呼ぶべきではないでしょうか。

② いじめのプロセスモデル

図9-2が，いじめのプロセスモデルで，戸田ら（Toda et al., 2007）が示した図式を改良したものです。この図式を用いて，まず，「いじめの芽」「いじめ」「いじめ犯罪」を，なだらかに連続するものと考えつつ区別することを提案したいと思います。

攻撃の継続によって左から右に進行していくのですが，これら3つを区別するために「いじめる側の集団化，あるいは，いじめられる側の無力化が一定程

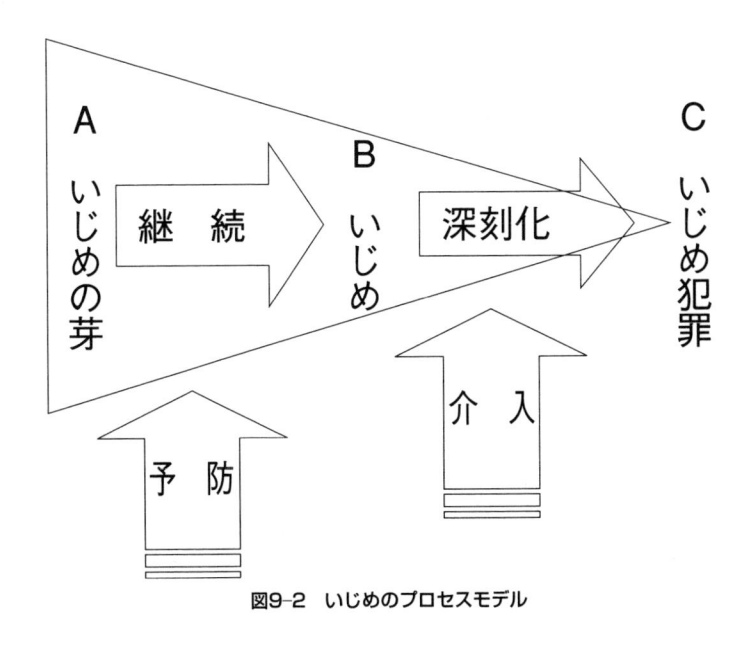

図9-2　いじめのプロセスモデル

度すすんだ状態」を,「いじめ」としたいと思います。いじめられる側が無力化していないのであれば,クラス全体に対する予防的な対応でも効果があると思われますが,無力化してしまったら個別的な援助が必須であると思われます。また,クラス内でいじめが起きている場合,いじめる集団が少数派のうちは担任の対応でなんとかなるかもしれませんが,いじめる集団が多数派になってしまってからは,担任のみによる解決はかなり難しくなると思われます。

　もちろん,この図式は前節まで述べてきたことを考慮して作成したものですが,仮説に過ぎません。今後の調査や,実践者との議論によって鍛えていく必要のある図式です。これから,いじめを過程として捉える短期の縦断的研究が,複数の国の研究者によってなされていく見通しです。

第4節　目標はいじめをエスカレートさせないこと

　前節までは,いじめの定義を検討しつつ,いじめる側が集団化し,いじめられる側が無力化することを問題視し,その過程のモデルを仮説として示しました。しかし,なぜ集団化・無力化が起きるのかについては,説明は不足していました。ここでは,その説明を簡略に試みるとともに,予防のための対策についても述べたいと思います。介入のための対策については,ここでは割愛します。いじめが犯罪化したら,警察や矯正教育が対象とする課題です。

① 集団化の理由と対策の方針

　では,まず,なぜいじめる側は集団化するのでしょうか。その理由と対策を考えていきたいと思います。

　基本的には,集団化は同調ということで説明ができると思います。「同調」とは,いけないと思っていることであっても,他にやっている人が多いほど,「まあ,いいか」とやってしまう心の動きです。正高 (1998) は,その同調によるいじめへの加担が,クラスという集団のなかである時点からいかに否応なく加速するものなのかを,物理学の「限界質量」という概念を用いて説明しています。集団の密集性や閉鎖性が,このクラス単位での同調の進み具合に影響し

ているのかもしれません。

　最近，子どもたちのあいだでは，「KY（けーわい）」という短縮隠語が流行しています。「空気読めない」（または「空気読まない」）の略だそうです。しかし，「空気が読める」のが「同調するための準備」であるとしたら，あまり自慢できることではないように筆者は思います。一方で，空気を読んでいじめを止めている子もいます。かつて筆者が出会った中学生は，いじめの場面に居合わせたら，途中までいじめをさせておいてから止めに入ると言っていました。「なぜ最初から止めないのか」と尋ねますと「みんな，そいつ（いじめられている子）にむかついてるから，見ててすっきりする。止めたら今度は自分がやられる。でも，そいつ（いじめの中心者）がヤバイやつで，下手するとやりすぎるんで，途中でちょっかい出してダッシュで逃げる」と教えてくれました。この中学生は非行もしている子でしたが，空気を読みながら，取り返しのつかない事態を避けるために立ち回っていることがわかります。と同時に，「みんな」がいじめられっ子に否定的な感情を持っていると言うところに，自分や一部の仲間の感情を「みんな」の感情としてしまう認知（ものの見方）の歪みもあるようです。

　この認知の歪みは，大多数の黙っている子たちの態度によって強められています。正高（1998）も，この傍観者の問題に焦点化していますが，いじめをしている側が，誤った信念をもっている可能性もあります。戸田（1997）は，教員養成課程の学生の，かつてのいじめ体験に関する回答をまとめていますが，いじめが先生から支持されていると思ってやっていたという回答はなかったのに対し，約6割が「友だちから支持されている」と思っていたと回答していました。いじめへのなだれ的同調現象は，大多数の黙っている人たちがいじめを支持しているといじめる側が思いこむことによって加速するのではないでしょうか。つまり，いじめる側が「自分たちのしていることは，おとなから見れば許されないかもしれないが，自分（たち）は，このことをよしとする大多数のなかにいるのだ」という，いわば多数派幻想（majority illusion）も持ち合わせているという仮説です。ですから，いじめる側を多数派にしないことと，多数派幻想を持たせないことが，集団全体への働きかけとして重要になります。

　いじめっ子が「自分はみんなを代表して，こいつをこらしめている」という

誤った認識を持たないようにするには,「静かな多数者」の声を匿名やペンネームで紙上などに出していくこともひとつの方法です (戸田, 2005; 今泉, 1998)。たとえば, 黙っている大多数の子の「いじめはいや」という声を匿名で集めて学級や学年の便りに掲載し, いじめ行為が多数派に支持されていないことを示すのです。つまり, おとなの論理で行為を禁止するだけではなく, 子どもたちのことばで, いじめ行為を正当化する根拠を崩していくのです。また, いじめられる側にとっては, 被害者責任論がつらいのですが (戸田, 2004), 少数のいじめ否定グループが存在するとわかるだけで, 救いになる可能性があります。とくに思春期の子どもたちには, 大人の指示よりも仲間の支持が大事なようです。

② 無力化の理由と対策方針

関係の中で抵抗する力も奪う行為は, 近年では, 職場でのパワー・ハラスメント, あるいは, モラル・ハラスメントという用語で語られています。もしかしたら, ベイトソン (G. Bateson) が家族内の関係の問題を論ずるのに用いた「ダブルバインド」という概念や, 先述の学習性無力感も, 無力化の説明に有効かもしれません。

ここでは, 調査結果に基づいて考えたいと思います。戸田 (1997) の調査結果では, いじめられたときに親に言わなかった理由として最も多かったのは「心配をかけたくなかったから」でした。教師については「いじめられていることが恥ずかしかったから」が最多でした。援助を求める傾向性を被援助志向性 (水野・石隈, 1999) といいますが, 親を思う気持ちや自分を責める気持ちの子がなかなか相談しないとすれば, たいへんに切ないことです。いじめの体験談を読んでいますと, ひどいいじめを受けているのに, 家族に心配をかけまい, あるいは, 誰かに話したあとの対応次第ではもっといじめがひどくなるかもしれないと思うことで, 必死にいじめを隠すケースがあります。この「被害者が必死に隠すことがある」ということが, 深刻化したいじめの大きな特徴です。ですから, 親や先生の発見が遅れたりすることもあるのです。そのなかには, 自分がされていることがいじめだとわからずに苦しんでいるケースもあります。

かつて, いじめが社会問題化した際に, 子どもたちが匿名で無料で相談できるように, 公衆電話に差し込むと子ども用の相談先に自動的につながるカード

を，学校で配布した自治体もありました。「匿名」「無料」ということが相談をうながすためには重要です。自分のされていることがいじめだったとわかるだけでも，意味があります。

　もちろん，相談したらきちんと対処してもらえるという信頼感も相談をうながすために必須です。被援助志向性の研究では，「相手が自分の相談にきちんと応えてくれる」ということで「呼応性」と呼んでいます（水野ら，2006）。先生がきちんと対応できるためには，いじめが起きたことで先生や学校の評価が下がるのではなく，どこでも起きうるいじめの芽に初期に的確に対処したことで評価が上がる共通理解がほしいものです。

第10章 ドメスティック・バイオレンス

　晩婚化・非婚化が進行しつつある一方で，現在日本に暮らす15歳以上の6割近くの人には配偶者がいます（内閣府，2005）。しかも，たとえ現在は未婚者であっても，その9割以上の人はいずれ結婚するつもりだと考えています（内閣府，2005）。では，結婚することで一体どのようなことが得られると思うか，こう尋ねられると多くの人が「精神的な安定が得られる」とか「人生の喜びや悲しみを分かち合える」と答えます（内閣府，2005）。夫婦という親密な人間関係をもつことに対して，われわれは肯定的な価値を見いだしているようです。たしかに，夫や妻との安定的な人間関係をもつことは安らぎの源として当事者に肯定的な影響をもたらすでしょうし，そのことはすでに実証的にも明らかとなっています。

　しかし，時に安らぎをもたらしてくれるはずの関係が，一方的に相手に支配され，心身ともに深く傷つけられるものになることがあります。その最たるものはドメスティック・バイオレンス（以下DV）と呼ばれます。多くの人がDVをまるで自身には関係のないことのように感じてしまうかもしれませんが，後に述べるようにDVの生起や深刻化のプロセスには状況的な要因が大いにかかわっており，必ずしも特殊な人たちだけが関与するというわけではありません。そして，はからずもDVの問題にかかわることになれば，当事者として否応なくかかわらざる得ない場合もあればDVの生じている関係の周囲にいる者としてかかわる場合もあります。後者の第三者としてかかわる場合にも，その第三者が問題の解決や深刻化に果たす役割は決して小さくはありません。

　本章では，DVがどのように生起し，どのように深刻化するのかをその背景となる要因も踏まえて考察し，さらにそこに果たす第三者の役割について考えます。なお，DVとは元来は家族内での暴力全般を指して用いられる用語ですが，本章では一般的に用いられるように夫婦を含めた親密な関係で生じる暴力を指し，DVの背景に潜む心理過程に焦点をあてます。

第10章 ドメスティック・バイオレンス

第1節
DVの実態，定義と特徴

　DVは内容的に3つのタイプの暴力に大別できます。殴る蹴るといった身体的な暴力，性的な加害を行う性的暴力，激しく罵倒したりののしり続けたりする心理的暴力です。これらのDVの日本での発生件数について，内閣府が2005年末に行った調査データを図10-1に示します。

　DVを理解するうえで重要なことのひとつは，DVには性的なものも含め相手の体を傷つけるという直接的な暴力だけではなく，相手の心を傷つけるという間接的な暴力も含まれるということです。このことは，改正DV防止法（配偶者からの暴力の防止及び被害者の保護に関する法律）にも明記されています。実際のところ，この直接的な暴力と間接的な暴力は併発することが多いようであり（内閣府男女共同参画局, 2007），またそのことに関連して暴力が間接的なものから直接的なものへと深刻化する可能性も示唆されています（O'Leary et al., 1994）。このことから，本章でもDVを直接的な暴力だけでなく，間接的な暴力も含めて用いています。

　もうひとつ重要なことは，DVの問題の特徴がふるわれる暴力の深刻さはもちろん，その断続性あるいは反復性にあることです。つまり，DV関係で常に暴力が繰り返されるわけではなく，断続的ながらも繰り返し長期的に暴力がふ

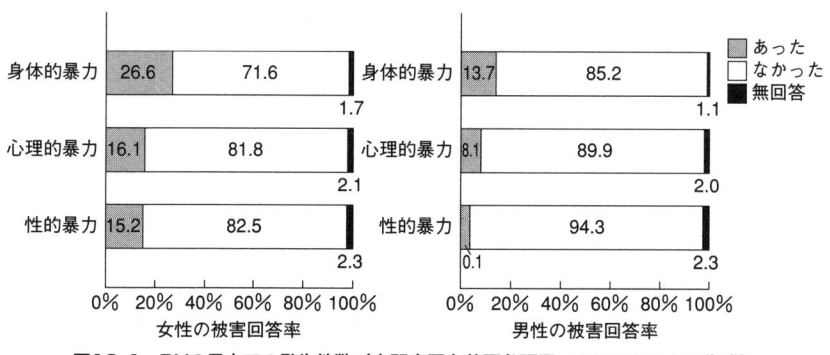

図10-1　DVの日本での発生件数（内閣府男女共同参画局，2006をもとに作成）

女性の被害回答率
- 身体的暴力：あった 26.6／なかった 71.6／無回答 1.7
- 心理的暴力：あった 16.1／なかった 81.8／無回答 2.1
- 性的暴力：あった 15.2／なかった 82.5／無回答 2.3

男性の被害回答率
- 身体的暴力：あった 13.7／なかった 85.2／無回答 1.1
- 心理的暴力：あった 8.1／なかった 89.9／無回答 2.0
- 性的暴力：あった 0.1／なかった 94.3／無回答 2.3

第3部●暴　力

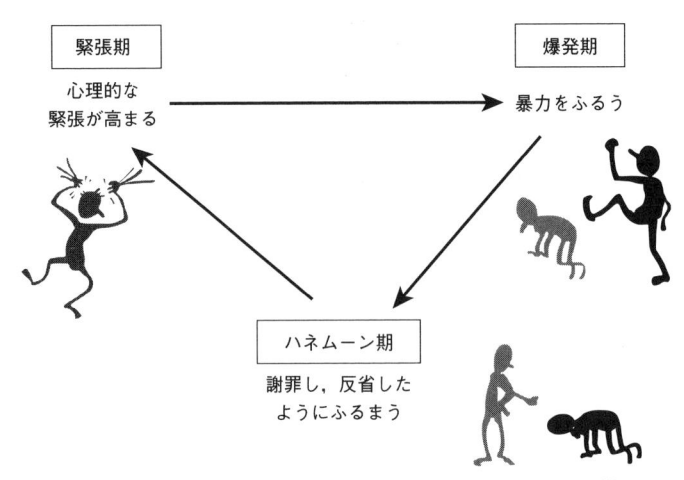

```
緊張期                    爆発期
心理的な
緊張が高まる　　　　　　　暴力をふるう


              ハネムーン期
              謝罪し，反省した
              ようにふるまう
```

図10-2　DVのサイクル理論（Walker, 1979を参考に作成）

るわれることが多く，それがこの問題をより厄介なものとしている可能性があるのです。この可能性は，暴力のサイクル理論（Walker, 1979）として指摘されています。

　ウォーカー（Walker, 1979）によると，DV関係では，実際に暴力をふるわれる段階も含めた3つの段階が循環的に繰り返されています。緊張期では，加害者となる側が何らかの理由から怒りや不安などの心理的な緊張を高めます。この段階では，その緊張を背景として相手に小言を繰り返すなどの否定的な言動がみられるものの，直接的に相手の身体を傷つけることはあまりありません。この緊張が徐々に蓄積され，激しく暴力をふるうようになるのが爆発期です。まるで抑制がきかなくなったかのように，相手を激しく殴ったりけったりします。ところが，しばらくすると一転して暴力をふるわなくなり，それどころか加害者は自身がふるった暴力について謝罪し悔い改める姿勢をみせるようになります。その優しく穏やかな様子からハネムーン期といわれるこの段階は，そう長くは続きません。加害者は再び，緊張を高め暴力をふるうようになるのです。このように上記の3つの段階が際限なく繰り返されるのがDV関係の特徴だというのです。そして，ハネムーン期にみせる相手の優しい態度によって被害者はついつい相手に同情し，ともすれば相手の暴力を正当化してしまうことすらあり，このため被害者は断続的に暴力をふるわれながらも自ら関係にとどまろう

とすることが多いといいます (Walker, 1979)。

　なお，DVの加害者は必ずしも男性に限定されるわけではありません。たしかに公的な介入が必要なほど大きな被害が生じている場合，その加害者の大半は男性であり，彼らが親しい関係にある相手の女性に暴力をふるっていることが多いといえます。ですが，さほど深刻なものとなっていないDV（たとえば，過去1年間に1度だけ相手に暴力をふるったケース）も含めて夫婦やカップルを対象に実態調査を行うと，女性が相手の男性に身体的な暴力をふるっている数と男性が相手の女性に暴力をふるっている数とに有意な差が認められないことが報告されています (Sorenson et al., 1996)。

　むろん，どの程度の激しさや頻度をもってDVと評価するのかは意見の分かれるところでしょう。ただ，たとえ一定以上の激しく深刻なものをDVと定義したとしても，このDV加害者・被害者に性差があるかどうかの議論について明確な結論を得ることは難しいかもしれません。というのは，DVの生起実態を知る上では特に被害者側の報告が重要となりますが，第三者からみれば深刻なDVを被っているように判断できても，必ずしもその当事者が相手からの暴力を問題視して何らかの対処をとるとは限らないからです。つまり，第三者の視点から客観的にみるとひどい仕打ちを受けていたとしても，当事者がその相手からの行為を自分にとって否定的なものだとみなさないことがしばしばあると考えられるのです。そこで，次にこのDV被害の潜在化の背景について，一般的な夫婦・カップル関係でみられる肯定的幻想の観点から説明します。

第2節　DV被害の潜在化

　一般に，夫婦や恋人といった親密な関係の当事者は，相手に対してあるいは相手との関係そのものをかなり肯定的に評価する傾向があります (たとえば，Martz et al., 1998)。「幻想（illusion）」と呼ばれるほど過度に相手を肯定的にみようとするこの傾向は，お互いの関係満足を高め関係の安定化を図ることと密接に関連します (Rusbult et al., 1982)。したがって，たとえ2人の間にトラブルが生じたとしても，その関係に魅力を感じている当事者はそのトラブルの原因が相

手自身にあるとか，相手に責任があるとは判断しません (Fincham et al., 2002)。本来，人は自身を見舞ったトラブルについてその原因を自分以外の外的な要因，すなわち二者間でのトラブルであれば自分よりも相手の内的な部分にその原因を帰属しようとします。それにもかかわらず，親密な関係では当事者がその相手や関係に魅力を感じていればいるほど相手自身を責めようとすることはなく，たとえ相手の非を責めるとしても「偶然相手はあんなことをしたのだ」というように一時的な原因として処理しようとするのです (Fincham et al., 2002)。トラブルの原因を相手に問わなければ，当然相手に対して嫌悪的な感情をもったり相手を非難したりすることもなく，結果的に生じたトラブルについて相手に反撃しようとすることもありません (Kearns & Fincham, 2005)。

　このことから，親密な関係では，相手から直接的あるいは間接的な暴力を受けていて，それが第三者からみれば常軌を逸しているように見えても，受け手がその相手に非があると判断しないことも十分にありえることであり，このためDV被害は潜在化しやすいと考えられるのです。

第3節 当事者たちのDV生起に関する判断

　いうまでもなく，すべての被害者が問題を潜在化させるわけではありません。では，加害者も含めたDVの当事者は自身の関係で生じている暴力をどのように捉えているのでしょうか。

　加害者側の判断については，彼らが必ずしも関係自体に強い不満をもっているわけではないこと (Fincham et al., 1997)，ふるった暴力について都合よく捉え，暴力の原因を被害者側に帰属したり自分以外の外的で一時的な原因に帰属したりすることが報告されています (Holtzworth-Munroe & Hutchinson, 1993)。後者の点について，たとえば，自身が妻に暴力をふるったきっかけが自身の嫉妬心や妻からの拒絶にあると考える加害経験者は，被害者である妻の側の責任をより強調することが示されています (Holtzworth-Munroe & Hutchinson, 1993)。このような加害者自身にとって都合のよい判断は，周囲に加害者の立場を支持する者が多いほど顕著なものとなります (Klein, 2004)。

一方，被害者については，深刻な暴力を繰り返し受けるほど，その暴力の原因帰属を行おうとするものの，時にその帰属の対象が被害者自身の行動や特性に向くことのあることが報告されています。とりわけ，DV被害を受けながらもその関係にとどまっている者は，相手が暴力をふるう理由を被害者自身の行動や特性に帰属しがちです (Andrews & Brewin, 1990)。たとえば，相手が暴力をふるったのは自分が相手の要求に適切に応えることができなかったためだと被害者が考え相手の暴力を正当化して捉えることがあります (Ieda, 1986)。ペイプとアリアス (Pape & Arias, 1995) は，このような被害者自身の内的な帰属によって関係解消への行動意図が低下するといいます。このことから，DV被害者に対する心理的対応として，一時的であっても，まず相手から離れてDV生起の帰属過程の修正を図ることの重要性を指摘する研究者もいます (Overholser & Moll, 1990)。

では，なぜ被害者は暴力をふるう相手ではなく自身に原因を帰属することがあるのでしょうか。その理由のひとつとして，二者関係内での相互作用，とりわけ加害者から被害者への働きかけを指摘できます (Gondolf & Hanneken, 1987)。すなわち，加害者による「自分が暴力をふるわざるを得なかった理由はあなたにあるのだ」という一方的な説得や釈明が被害者自身の誤った原因帰属を導くというのです。もうひとつの理由としては，関係の外部に利用できるサポートの乏しさを指摘できます。詳しくは後述するように，被害者のなかには被害を受けるうちに，あるいは受ける以前から利用可能なサポート資源の乏しい者がおり (Thompson et al, 2000)，そのようなサポート資源の乏しい者ほど被害の原因が相手にあると確証できず逆に自身にあると考えてしまうのです (Andrews & Brewin, 1990)。

これらの理由から，被害者は時に自身の内的な要因に相手の暴力の原因を帰属してしまうことがあります。ただ，この被害者の誤った原因帰属が生じるケースは限られたもののようです。上述の議論に並行して，DV被害者による自身への内的帰属はさほど生じないという可能性も指摘されています (Shields & Hanneke, 1983)。つまり，被害者が自身を責めること自体あまりなく，したがってそれが関係の解消を妨げているわけではないというのです。

ただ，たとえそうだとしても，すなわち被害者自身による内的な帰属が行わ

れなくとも被害者が加害者に暴力の原因を帰属することが，ただちに加害者への責任帰属にも結びつくとはいえません。たとえば，加害者が飲酒している場合，被害者は暴力をふるわれても関係離脱の意志を明確にもちません (Winkel & Denkers, 1995)。これは，飲酒という一時的な状況要因にDVの原因を帰属することで加害者の安定的な特性への帰属が抑制されるため，被害を受けても相手の責任を問題視しない傾向を反映していると考えられます。

第4節 DVをもたらすもの

　本節では，DVの生起をもたらす諸条件について考えることにします。ここでは，加害者側の要因としてその攻撃性を，被害者側の要因として社会経済的な地位の低さを，そして背景となる要因として親密な関係を特別視する傾向を取りあげます。

① 加害者の攻撃性

　加害者のもつ攻撃性がDV生起の条件のひとつであることに異論を唱える人は少ないでしょう。では，そもそもその攻撃性はどのような要因によって規定されるのでしょうか。素因的な要因を指摘する研究 (Hines & Saudino, 2004) もありますが，ここでは社会的な要因として親の養育態度をとりあげた研究を紹介します。ペティットら (Pettit et al., 2006) は，18歳の時点で恋人に対して暴力をふるいやすいかどうかが児童期以降のどの段階のどのような要因によって規定されるのかを縦断的に調査し，①10代前半までの親によるしつけ時の極端な厳しさや罰し方が後の子どもの恋人への暴力加害を予測すること，②10代前半に周囲にいた友人が反社会的な行動をとっていたほど後の暴力加害の発生確率が高まること，③これら2つの影響過程は社会経済的な地位が低い家庭で育った子どもに顕著にみられることを明らかにしています。このように，養育環境によって後のDV加害の程度はある程度規定されるといえ，親の養育態度の良好さが子の後の暴力加害を抑制する基盤になるといえます。

　そして，その過程において重要な役割を果たす変数として対人関係における

共同的関係志向（communal orientation）の学習をあげることができます(Clark & Mills, 1979)。これは，ある人間関係においてはお互いに相手の安寧（幸せ）に対する責任があるのだという規範（ルール）を支持する程度を指します。一般にこの規範は，家族や親友，恋人といった関係において適用されることが多く，人はこの規範を学習しているからこそ，見返りを期待することなく家族や親友，恋人のために援助したり他の資源を提供したりします。この規範の受容度の個人差を示すものが共同的関係志向であり，それの高い人は低い人よりも周囲の他者に対して共感しやすく，見返りを求めることなく相手を気遣った行動をとることができます。そして，ウィリアムスとシルバーマン(Williamson & Silverman, 2001)によると，この共同的関係志向性を学習できないことが，親密な相手への暴力加害を生じさせやすくします。つまり，人間関係において，時には相手に見返りを求めることなく相手のために行動することもあるのだ，ということを学んでいない場合，恋人に対して暴力をふるう可能性が高いことを実証しています。また，そこでは共同性関係志向を身につけていないからといって必ずDV加害の可能性が高まるとはいえないことも実証されています。先ほどのペティットら(Pettit et al., 2006)の研究でも明らかとなったように，人は親からの影響のみならず，周囲の友人たちからの影響も多分に受けます。このため，たとえ共同的関係志向性をさほど有していない個人でも周囲の友人がその友人自身の恋人に暴力をふるうことに批判的な態度を示すならば，志向性をさほどもたない個人であっても恋人に対してあまり暴力的にふるまわないことが示されているのです(Williamson & Silverman, 2001)。

② 被害者の社会経済的地位の低さ

次に，被害者側の社会経済的な地位の低さがDV被害の条件となっている可能性について説明します。これまで，多くの研究で深刻なDVの被害者の社会経済的な地位が低いことが示されています(Sorenson et al., 1996)。すなわち，経済的な自立が困難なほど，また社会的な支援が得られにくいほど深刻なDV被害を受けるリスクが高いというのです。ここでは，とくに後者の点，すなわち利用できるソーシャルサポートの乏しさについて説明します。

一般に，われわれが何かしらの問題に出くわした場合，他者からソーシャ

サポートを利用できると知覚できれば，問題を自身にとってストレスをもたらすものだと思うことなく，積極的に解決しようとすることができます（浦, 1992）。自分には味方がいる，こう思えることで問題を悲観的に捉えることなく自律的にふるまえるのです。そして逆に，ソーシャルサポートが不足することによって自律性を保持しにくくなることからDV被害を受けるリスクが高まると考えられます。

　本章の始めに，DVの特徴に断続性あるいは反復性があげられることや間接的な暴力から直接的な暴力へとエスカレートする可能性を指摘しました。このことは，DV被害を受ける場合にいきなり身体的な暴力を受けるのではなく，当初は暴言や理不尽な批判といった心理的な暴力や嫌がらせを受けていて，それがエスカレートして徐々に身体的な暴力を受けるようになるケースのある可能性を意味します。このような場合，利用可能なサポートが不足している者は，相手からの当初の心理的な暴力・嫌がらせに対して積極的な対応をとることが難しく，その結果として，相手からの暴力がエスカレートしていってしまう過程があると考えられます。実際に夫婦関係において相手からの暴言や理不尽な批判に対して反論できないほど，後にそれがエスカレートしてしまうことが確かめられています（相馬, 2006）。図10-3の④の矢印（パス）は，必要に応じて相手に反論したり批判したりすることができない（非協調的志向性が低い）ほど，後に夫あるいは妻から受ける間接的暴力の程度が高くなることを示してい

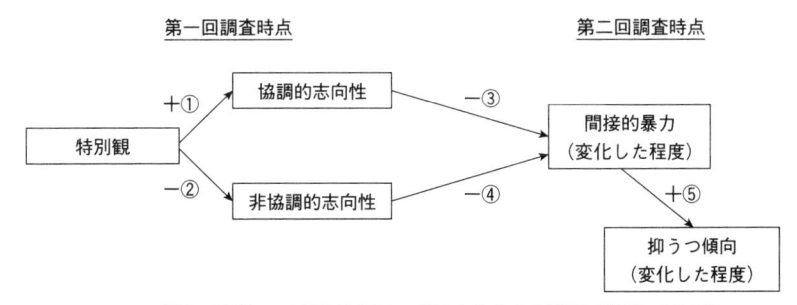

図10-3　親密な関係での特別観が暴力の程度を左右する過程（相馬, 2006）
（図中の符号が＋であることは一方が高まれば他方も高まる（あるいは一方が低まれば他方も低まる）ことを，－であることは一方が高まれば他方は低まる（あるいは一方が低まれば他方は高まる）ことを意味する）

ます。

　むろん，これらのことはサポートの不足とDV被害の受けやすさとが関連する心理的過程を説明しようとするものであり，いうまでもなくDV生起の責任は加害者にあり，被害者に責任はありません。配偶者がどのような態度をとろうとも，その相手に対していかなる暴力をふるうことも正当化されえないのです。

③ 親密な関係を特別なものだと思うこと

　では，どうして利用できるサポートの少ない者がいるのでしょうか。この問いについては，次の2つの可能性を指摘できます。1つは，深刻なDV被害を受けることの効果としてです。つまり，被害を受けるうちに周囲の他者との関係が希薄になりサポート不足が生じる可能性です。これについては第5節で詳述します。もう1つは，たとえDV被害を受けてなくとも個人差や親密な関係の特徴を反映した結果として当事者の利用可能なサポートが乏しくなる可能性です。ここでは後者の点について考えてみます。

　個人差の問題として捉える場合，他者一般に対する信頼感の影響をあげることができます。山岸 (1998) によると一般的信頼感の高い者は，特定の関係にあってもそれ以外の他者から与えられる資源が有効ならば，積極的にそれを取得しようとします。このことはサポート取得にもあてはまります。「人とは信頼できるものだ」と考える一般的信頼感の高い者は，特定の関係からのサポート取得だけにとどまらず，幅広く周囲の他者からサポートを取得しようとすることが示されています (相馬・浦, 2007)。ただし，この一般的信頼感の効果は属する関係性の違いによって調整されます。つまり，一般的信頼感の高さや低さによって関係外の他者へのサポート取得が抑制されるのはそもそもどのような関係に所属しているのかによって異なるのです。図10-4に示されるように，一般的信頼感が低くとも，友人との関係ではそれ以外の他者にもサポートを取得しようとしますが，恋人との関係ではそれ以外の他者にサポートを取得しようとすることを自ら抑制してしまうのです。

　この一般的信頼感の低い者に顕著なように，親密な関係にある当事者は自ら部外者へのサポートの取得を抑制してしまうことがあります。そして，この部

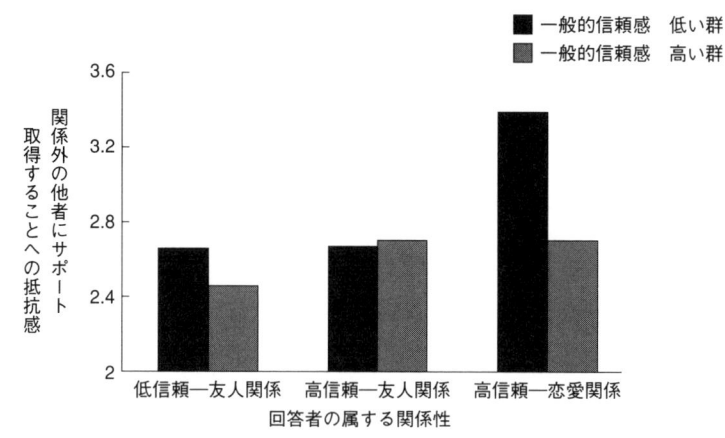

図10-4 個人の一般的信頼感と属する関係性による関係外の他者からのサポート抵抗感の違い（相馬・浦，2007をもとに作成）

外者へのサポート取得を抑制してしまう背景には，もともとの親密な関係を特別な関係だと捉えていることがあるといえます（相馬, 2006）。すなわち，自分たち2人の関係は，自身の持つ他の人間関係とは比べられないほどかけがえのないものだと思えば思うほど部外者に対して排他的になりやすいのです。とすると，「被害者の社会経済的地位の低さ」の項で述べたことも考え合わせれば，関係を特別だと思うことは，サポート取得の抑制ひいては利用可能なサポートの不足を導き，結果として相手からのDVがエスカレートするリスクを高めてしまう可能性があります。実際，図10-3の②の矢印（パス）に示すように，関係を特別だと思うことによって，夫あるいは妻からの暴言や理不尽な批判に対して反論できにくくなり（非協調的志向性が低くなり），後の相手からの間接的な暴力がエスカレートすることが確かめられています（相馬, 2006）。

第5節 DV生起後の当事者の行動

前節ではDV生起をもたらす条件について述べましたが，本節ではDV生起後の当事者の行動について述べます。

深刻なDVを受けることは被害者の心身に重大な影響をもたらします。身体

の不調ばかりでなく，被害者の自己評価も著しく低下します（信田, 2002）。その結果として，学習性無力感と呼ばれる状態に陥り，DV関係からの回避はより困難なものになります（Walker, 1979）。つまり，断続的にしかも長期的に暴力を受けるうちに「自分で何とかしようとしても無駄だ」と思いこんでしまい次第に逃げようとすらしなくなるということです。また，被害を受けることによって外部の他者とのつきあいがますます希薄なものとなり，その結果として外部から利用可能なサポートがさらに不足し，以前にも増して孤立してしまう可能性もあります（Thompson et al, 2000）。これらの悪循環に陥ってしまうと，被害者は被害を受けるうちに心身が傷つくばかりか，そこから逃れるための資源をも失っていくことになるのです。

このことから考えれば，公的な啓発活動も含めて潜在的な被害者に対して社会的な支援の提供を呼びかけることは重要なことだといえます。というのは，被害者はまず身近な人間関係から提供されるインフォーマルな社会的支援を求め，もしそれが利用できない場合には，公的機関や民間団体が提供するフォーマルな支援を求めるからです（Klein, 2004）。たとえ被害者が孤立しがちだとしても，外的に提供される社会的な支援を利用することができれば，悪循環を断ち切るために有用な資源を入手できるのです。

第6節 第三者のかかわりが果たすもの

これまでに述べてきたようにDVの被害者にとって第三者とのかかわりが果たす役割は大きいといえます。とくに，DV被害者はまずインフォーマルなかかわりのある身近な他者に相談しようとするため，その第三者の反応は被害者にとってすこぶる大きな意味をもちます。第三者が被害者の置かれている状況に共感し受容し，情緒的なサポートを提供してくれることは被害者の自己評価の低下を防ぐでしょうし，場合によっては被害の解決に向けた情報や他の資源を提供してくれもするからです。

ただ，第三者の反応が被害者にとって常に肯定的なものばかりとは限りません。時には，被害者の家族ですら否定的な反応をとることもあるようです

(Klein, 2004)。たとえば，夫あるいは妻からの暴力被害の相談を受けた第三者が，その状況をたいしたことではないと判断して，穏便に済ませようとすることがあります。その場合，被害者は情緒的なサポートが得られないばかりか，逆に何かしらの制約を負ってしまいかねません。とりわけ第三者があまりにも「家族」という関係性を重視するほどこの危険性が高いようです (Klein, 2004)。また，伝統的な女性観をもつ人ほど，すなわち「女性は責任をもって家族の世話をするものだ」と考えがちな第三者ほど，加害男性でなく暴力を受けた被害女性に対してDV生起の責任を見積もりがちです (Pavlou & Knowles, 2001)。この「責任」とは暴力をふるったことに対する加害責任であるにもかかわらず，伝統的な女性観をもつ人は被害者の非を責めようとするのです。

　他に，加害者が暴力をふるったきっかけが嫉妬心に基づく場合には，加害者が自身に対して寛容であったように (Holtzworth-Munroe & Hutchinson, 1993)，第三者もまた加害者に対して寛容になりがちなことが確認されています (Puente & Cohen, 2003)。なぜなら，概して嫉妬することはその相手への強い愛情を反映したものであると推測されるため，嫉妬心に基づく暴力も加害者から被害者への強い愛情を反映したものであるように評価されるからです。

　以上のように被害者にとっての第三者のかかわりの影響が大きいのと同様に，加害者にとっても第三者の影響は決して見逃すことができないほど大きなものです。第三者が暴力加害を正当化する場合，加害者の暴力が抑制されないばかりかかえって助長され，より深刻なものへとエスカレートする可能性があるからです。よって，たとえば被害者と加害者に共通した対人ネットワーク内で，両者にとって影響力の強い有力者がDVの加害を是認する場合，事態の悪化は避けられないようです。また，そもそも加害者側のネットワークにいる者は身近に加害者がいることを否認しがちであり，このためDV加害を積極的に正当化しようとする可能性も指摘されています (Klein, 2004)。

第四部 統合

第11章 対人関係のダークサイドとブライトサイド

　これまでの章では，対人関係のダークな部分について，さまざまなテーマを取りあげて紹介してきました。当然ながら，対人関係は，どろどろとしたいやなことばかりではなく，そこから数多くの利益やメリットを受けることもあります。たとえば，読者のみなさんも，何か困ったときに，友だちや恋人，家族といった親密な人だけでなく，見知らぬ人にでさえも助けてもらった経験があるのではないでしょうか？　かくいう筆者にも，忘れられないエピソードがあります。大学生のときに，ある受験のために，地方から東京へ向かっていました。家から近くの駅までは，タクシーを利用しました。駅に着いて，タクシーを降りようとした瞬間，顔が青ざめるような出来事が起こりました。何と，財布を落としていたのです。あわてて探しに帰ろうとも思いましたが，列車の切符もすでに購入していて，そうした時間はありませんでした。途方に暮れていると，何と，運転手の人が，まったく見ず知らずのお客である筆者に，自分の名刺とともに3万円を貸してくれたのです。駅までの運賃も，東京から戻ってからでよいといっていただきました。東京での受験も無事に良い結果が得られて，その運転手さんには本当に感謝してもしきれない気持ちでいっぱいでした。このように，対人関係には，親密な人との関係に限らず，見知らぬ人との関係でさえも，良い面がたくさんあるのです。本書と同時に出版されている翻訳書『親密な関係のダークサイド』(Spitzberg & Cupach, 1998／谷口・加藤監訳, 2008) の最後の章（Rook, 1998／谷口訳 2008)では，対人関係のダークサイドとブライトサイドの2つの側面について，こころの健康との関連で，詳しく解説がなされています。本書の読者のみなさんには，ぜひとも，翻訳書のその章にも目を通していただきたいのですが，さしあたって，本書の最後の章でも，その章にならって，対人関係のダークサイドだけでなく，ブライトサイドにも目を向けて，これら2つの側面の関連性について，詳しく見ていきたいと思います。

第4部 ● 統　合

第1節
対人ストレス

　本章では，対人関係のダークサイドを，対人ストレス（橋本, 1997; 2005a; 2006）という観点からとらえることにします。以下では，対人ストレスの最も中心的な部分に当たる対人ストレッサー（橋本, 2005b）について説明をします。

① 対人ストレッサーとは

　日常生活で経験するいやな出来事のなかで，対人関係が原因となるようなものを対人ストレッサーといいます。橋本（2006）によると，そうした対人ストレッサーは，大きく3つに分類できることがわかっています（表11-1）。1つは，「対人葛藤」とよばれるストレッサーで，相手が自分に対していやな態度や行動を示すような状況のことを指します。たとえば，相手があなたの意見を真剣に聞かなかったり，あなたを軽蔑したりするような場合です。2つめは，「対

表11-1　対人ストレッサー尺度（橋本，2006をもとに作成）

対人葛藤
- あなたの意見を●●が真剣に聞こうとしなかった。
- ●●からけなされたり，軽蔑された。
- あなたとかかわりたくなさそうな態度やふるまいをされた。
- ●●が都合のいいようにあなたを利用した。
- あなたを信用していないような発言や態度をされた。
- ●●の問題点や欠点について注意・忠告をしたら，逆に怒られた。

対人過失
- あなたの落ち度を，●●にきちんと謝罪・フォローできなかった。
- ●●に対して果たすべき責任を，あなたが十分に果たせなかった。
- あなたのミスで●●に迷惑や心配をかけた。
- ●●にとってよけいなお世話かもしれないことをしてしまった。
- ●●の仕事や勉強，余暇のじゃまをしてしまった。

対人磨耗
- あなたのあからさま本音や悪い部分が出ないように気を使った。
- その場を収めるために，本心を抑えて●●を立てた。
- ●●に合わせるべきか，あなたの意見を主張すべきか迷った。
- ●●の機嫌を損ねないように，会話や態度に気を使った。
- 本当は指摘したい●●の問題点や欠点に目をつむった。
- 本当は伝えたいあなたの悩みやお願いを，あえて口にしなかった。

人過失」というストレッサーで，自分のほうに非があって相手に迷惑や不快な思いをさせてしまうような状況です。あなたのミスで相手に迷惑や心配をかけたり，相手に過度に頼ってしまうという場合がそれに当てはまります。最後の3つめは，「対人摩耗」で，自分も相手もいやな気持ちや態度をはっきりと示すようなことはしないで，対人関係がうまくいくように，あえて自分の意に沿わない行動をしたり，相手に対する期待はずれを黙って受け入れるような状況のことです。たとえば，自分のあからさまな本音や悪い部分が出ないように気を使ったり，本当は指摘したい相手の問題点や欠点に目をつむったりするような場合です。

② 対人ストレッサーのインパクトと経験頻度

上で述べた3種類の対人ストレッサーは，どれくらいいやな出来事としてとらえられているのでしょうか？ 大学生を対象にした橋本（2005a）の研究では，対人葛藤が最もいやな出来事と見なされており，次いで対人過失，最後に対人摩耗という順番になっていました。つまり，相手がいやな態度や行動を示すような対人葛藤は，その相手が誰であろうと，また，どういう場面であろうと，そうした出来事を経験すると，誰もがいやな思いを強く感じるといえます（図11-1）。では，経験頻度についてはどうでしょうか？ これも同じ橋本（2005a）の研究によると，対人摩耗が最も頻繁に経験されており，次いで，対人過失，

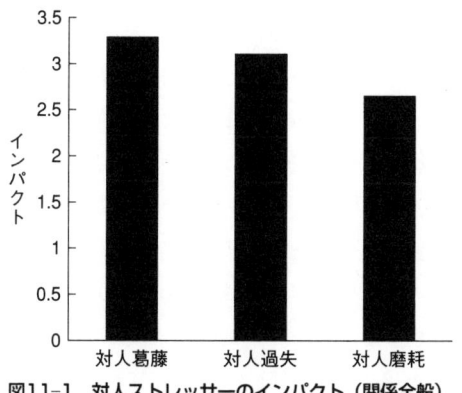

図11-1 対人ストレッサーのインパクト（関係全般）
（橋本，2005をもとに作成）

第4部 ● 統　合

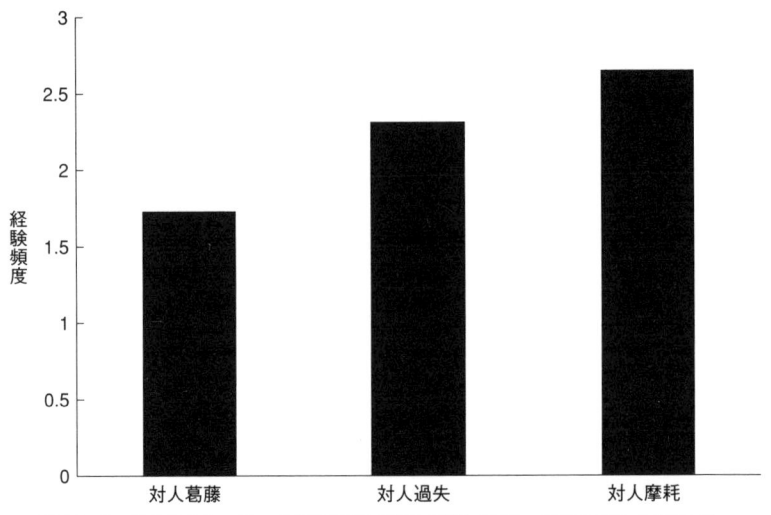

図11-2　対人ストレッサーの経験頻度（関係全般）（橋本，2005をもとに作成）

最後に対人葛藤となっていました。大学生は，日常生活で，配慮や気疲れを生じさせるような対人摩耗を経験することが多いようです（図11-2）。これらの結果から，対人葛藤は，経験することは少ないけれども，いざそれらを経験すると，とてもいやな思いをすることがわかります。その一方で，対人摩耗は，普段の生活でわりとたくさん経験はするけれども，それら1つひとつについては，それほどいやな思いは感じないといえます。

　上記の結果は，対人関係全般にわたる結果です。友人関係や親子関係など，個別的な関係ではどうでしょうか？　ここでは，対人ストレッサーの頻度について見てみましょう。谷口ら（2006）によると，大学生は，友人関係では対人摩耗を，親子関係では対人過失をそれぞれ経験することが多いようです（図11-3）。友人との関係では，けんかや対立をできるだけ避けようとするために，配慮や気疲れを生じさせるような出来事を多く経験するのでしょう。その一方で，親との関係では，甘えや依存心があるからなのでしょうか，自分の落ち度を親にきちんと謝罪できなかったり，親に対して果たすべき責任を十分に果たせなかったりといった出来事を経験することが多いようです。同様の結果は，高校生（橋本ら，2005）や中学生（谷口ら，2005）においても確認されています。

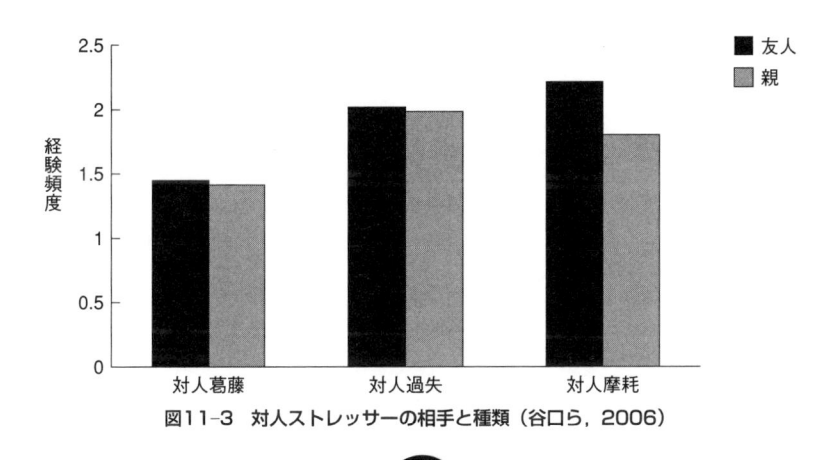

第11章　対人関係のダークサイドとブライトサイド

図11-3　対人ストレッサーの相手と種類（谷口ら，2006）

第2節 対人ストレスコーピング

　前節では対人ストレッサーについて説明をしました。もう一度繰り返すと，対人ストレッサーとは，日常生活で経験するいやな出来事のなかでも，とくに対人関係によって引き起こされる出来事のことでした。ところで，読者のみなさんは，対人関係でいやな出来事を経験したときに，どのように対処しているでしょうか？　たとえば，友だちや恋人とけんかをしたとき，ふだんあなたはどのような行動をとっているか思い出してみてください。自分のほうからすぐに謝りますか？　それとも，相手に対してさらに文句や悪口をいいますか？　はたまた，ほとぼりが冷めるまで，何もせずにしばらく様子を見ますか？　本節では，そうした対処の方法について，詳しく見ていくことにします。

① 対人ストレスコーピングとは

　対人関係によって引き起こされるいやな出来事，すなわち，対人ストレッサーに対する対処行動のことを対人ストレスコーピングといいます（加藤，2000，2003）。対人ストレスコーピングは，対人ストレッサーと同様に，大まかには3つに分類できることがわかっています（表11-2）。1つは，ポジティブ関係コーピングと呼ばれるもので，いやな出来事を引き起こす対人関係に対して，積

表11-2　対人ストレスコーピングの分類（加藤，2006をもとに作成）

対人ストレスコーピング	内容と具体例
ポジティブ関係コーピング	対人ストレッサーが起こったとき，積極的にその関係を改善し，よりよい関係を築こうと努力するコーピング ・相手のことをよく知ろうとした ・積極的に話をするようにした
ネガティブ関係コーピング	対人ストレッサーが起こったとき，その関係を放棄・崩壊するようなコーピング ・無視するようにした ・友だちづきあいをしないようにした
解決先送りコーピング	対人ストレッサーが起こったとき，それを問題視せず，時間が解決するのを待つようなコーピング ・自然の成り行きにまかせた ・気にしないようにした

極的にその関係を改善し，より良い関係を築こうとするコーピングです。たとえば，相手の気持ちになって考えてみたり，自分のことをわかってもらおうとしたりする対処行動のことです。2つめは，ネガティブ関係コーピングというもので，対人ストレッサーが生じている関係に対して，そうした関係を放棄したりあるいは崩壊するようなコーピングです。これには，話をしないようにしたり，かかわり合わないようにするといった対処行動が該当します。最後の3つめは，解決先送りコーピングというもので，対人関係で生じるいやな出来事を問題視しないで，時間が解決するのをじっと待つようなコーピングです。たとえば，気にしないようにしたり，何とかなると考えたりする対処行動です。

　それでは，ここで読者のみなさんに，あらためて質問をしたいと思います。上で説明した3つの対人ストレスコーピングのうち，どのコーピングを行えば，対人ストレッサーに対して，上手に対処することができるか考えてみてください。関係を改善するポジティブ関係コーピングでしょうか？　それとも，関係を放棄するネガティブ関係コーピングでしょうか？　はたまた，時間が解決してくれるのを待つ解決先送りコーピングでしょうか？　筆者は，大学生はもとより，高校生や現職教師にも，同様の質問をする機会がありました。そこでは，大学生，高校生，教師のいずれにおいても，ポジティブ関係コーピングと答えた人と解決先送りコーピングと答えた人がほぼ同数でした。対照的に，ネガテ

ィブ関係コーピングと答えた人はほんの数名でした。読者のみなさんは，いかがでしたでしょうか？　最も簡潔な形で答えるならば，実は，3つめの解決先送りコーピングが正解ということになります (加藤, 2007, 2008)。

　では，それはいったいなぜなのでしょうか？　このことを説明する原理として，時間的猶予仮説 (加藤, 2008; 谷口, 2007) というものがあります。この仮説による説明を以下に詳しく示します。対人ストレッサーは，すぐに解決が必要とされるものばかりではありません。もしも，ある対人ストレッサーが生じた際に，ポジティブ関係コーピングを使用して，相手との関係を改善するか，あるいは，ネガティブ関係コーピングを使用して，悪化させるかをすぐに決断する必要がなければ，まずは，解決先送りコーピングを使用して，問題を一時棚あげしてみるということは，非常に有効な対処方法になります。なぜならば，ストレッサーが生じてすぐのポジティブ関係コーピングは，相手に合わせようとしたり，相手の気持ちを考えたりすることからもわかるとおり，自分の感情や欲求を抑えることになります。したがって，自分自身は少ししんどい思いをすることになります。ネガティブ関係コーピングはいうまでもなく，関係がさらに悪化するわけですから，自分も相手も両方ともが，つらい気分になります。解決先送りコーピングは，そうした気分を避けることができるだけでなく，今後，どうすればよいかをじっくりと考えることができるのです。こうした意味において，解決先送りコーピングは，時間的猶予コーピングになるわけです。じっくり考えた結果，やはり相手との関係を改善しようと思えば，そのときに，ポジティブ関係コーピングを行えばよいのです。対人ストレッサーが生じて，しばらく時間が経過した段階では，先ほど述べたような自分の感情や欲求を抑えることによるしんどさも，かなり軽減されているはずです。また，けんかをしたあと自分から相手に謝るというポジティブ関係コーピングを行う場合，すぐに相手に謝るよりも，ある程度時間が経過してから謝るほうが，相手もそれを受け入れやすいということがわかっています (Frantz & Bennigson, 2005)。読者のみなさんも，対人関係で何かいやな出来事が起こったときは，解決を焦らずに，じっくりと考えてみてはいかがでしょうか？　きっと良い解決方法が見つかるはずです。

② 対人ストレスと対人ストレスコーピング

　上では，3つの対人ストレスコーピングのうち，解決先送りコーピングを行うと，対人ストレッサーに上手に対処できるということを説明しました。ただし，ひとつ注意しなくてはならないことがあります。それは，解決先送りコーピングが良いのは，あくまでも，さまざまな対人ストレッサーをひとまとめにした，いってみれば対人ストレッサー全般に対してということなのです。もしかすると，解決先送りコーピングを行おうと思っても，できそうにない対人ストレッサーがあるかもしれません。たとえば，自分のミスで相手に迷惑をかけてしまったことがはっきりしているような状況では，相手のほうが悪かったりあるいはどちらが悪いとははっきりいいきれないような状況に比べて，少しでも早く相手に謝りたいと思うかもしれません。第1節ですでに説明したとおり対人ストレッサーは大きく分けて3種類あります。対人葛藤，対人過失，対人摩耗です。ちなみに，先の例では，自分のミスで相手に迷惑をかけた状況は対人過失，相手のほうが悪いと思われる状況は対人葛藤になります。これら3つの対人ストレッサーそれぞれに対して，3つの対人ストレスコーピング，つまり，ポジティブ関係コーピング，ネガティブ関係コーピング，解決先送りコーピングがそれぞれどれくらい行われているのかをきちんと調べてみる必要がありそうです。

　谷口・加藤(2007)によると，謝るなどのポジティブ関係コーピングが行われるのは，やはり，自分のミスで相手に迷惑をかけるなどの対人過失のときが一番多いことが確認されました（図11-4）。対照的に，解決先送りコーピングは，対人過失のときには行われることが少ないこともわかりました。自分の非がはっきりしているような状況では，時間をおくようなことはしないで，少しでも早く謝りたいと多くの人が思っているようです。相手とかかわらないようにするなどのネガティブ関係コーピングについては，相手からいやな思いをさせられるなどの対人葛藤のときに，そうしたコーピングが多く行われることがわかりました。相手から与えられた不快感は，関係崩壊の引き金になりやすいといえそうです。

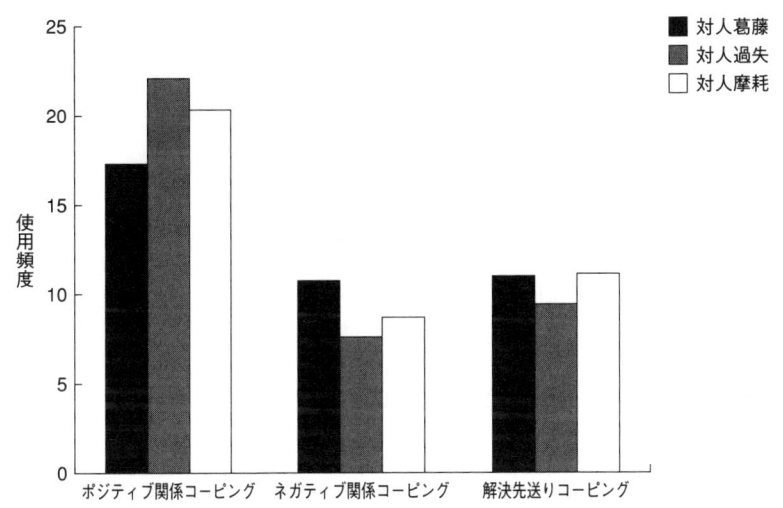

図11-4 対人ストレッサーと対人ストレスコーピング（谷口・加藤，2007をもとに作成）

第3節 ソーシャルサポート

　対人関係のブライトサイドとして真っ先に思い浮かぶものがソーシャルサポートと呼ばれる行動です（Rook, 1998／谷口訳, 2008）。ソーシャルサポートとは，相手が困難な状況にあるときに，相談にのったり，必要な物品あるいは情報を与えたり，適切な評価を与えたりすることです（福岡, 2006, 2007）。以下では，対人関係のダークサイドである対人ストレスと対人関係のブライトサイドであるソーシャルサポートとの関連について見ていくことにします。

① 対人ストレスとソーシャルサポート

　橋本（2005b）によると，友人との関係よりも，家族や配偶者との関係において，対人ストレッサーとソーシャルサポートとの間に強い関連が見られるようです。また，その関連は，対人ストレッサーが多いほどサポートが少ない，別のいい方をすると，対人ストレッサーが少ないほどサポートが多いといった関

連を示しています。このような関連のことを負の関連といいます。これまでのように，対人ストレッサーを3種類に分けて，細かく見ていくと，3つの対人ストレッサーのうち，対人葛藤がサポートと最も強い負の関連を持っていることが分かりました（橋本ら，2005; 谷口ら，2005）。また，橋本（2005b）が指摘しているとおり，その関連は，友人との関係よりも，親との関係において，より強く見られるということも再確認されました。親が真剣に自分の話を聞いてくれなかったり，自分のことを批判したりすることが多い場合には，そうした親からは，たとえ自分が困ったときでさえも，サポートをもらうことが難しいようです。

② 対人ストレスコーピングとソーシャルサポート

対人ストレスコーピングとソーシャルサポートとの関連についても，簡単に見ておくことにしましょう。加藤（2007）によると，3つの対人ストレスコーピングのいずれもが，サポートと関連を持っていました。ポジティブ関係コーピングおよび解決先送りコーピングとサポートとの間には，正の関連が認められました。この関連は，先に説明した負の関連とは逆のもので，ポジティブ関係コーピングや解決先送りコーピングを使用することが多い人ほどサポートを受け取ることも多い，別のいい方をすると，それら2つのコーピングを使用することが少ない人ほどサポートを受け取ることも少ないといった関連を示します。一方，ネガティブ関係コーピングとサポートとの間には，ネガティブ関係コーピングを使用することが多い人ほどサポートを受け取ることが少ないという負の関連が見られました。なお，これらの結果は，良好な対人関係を持っている人ほど，ポジティブ関係コーピングや解決先送りコーピングを使用することが多く，その一方で，ネガティブ関係コーピングを使用することは少ないということも示しています。

第4節 アタッチメント

これまで説明してきた対人ストレッサー，対人ストレスコーピング，ソーシャルサポートのいずれとも関連を持つような変数があります。それは，アタッ

チメントスタイルという個人差をあらわす変数です。

ボウルビー (Bowlby, 1969) によると，幼少期における養育者（主として親）との経験は，自分および他者に関する見方を形成します。親との関係が穏やかで暖かいものであった子どもは，自分自身は価値ある人間であり，他者は信頼でき，頼りになると思うようになります。一方，親との関係が拒否的で冷たいものであった子どもは，自分自身に自信がなくて疑い深く，他者は信頼したり頼ったりできないと考えるようになります。このような自分および他者に対する見方の違いが，アタッチメントスタイルと呼ばれるものです。アタッチメントスタイルは，児童期や青年期，さらには成人期にわたって，さまざま対人関係に影響を与えるといわれています（数井・遠藤, 2005; Rholes & Simpson, 2004）。

① 対人ストレスとアタッチメント

橋本 (2007) は，3種類のアタッチメントスタイルと対人ストレッサーとの関連を調べています。3種類のアタッチメントスタイルとは，安定型，アンビバレント型，回避型と呼ばれるものです。安定型は，相手と親密になることや相手に頼ることを心地よいことだと思っており，人と親密な関係になることに何の不安もないような人のことです。アンビバレント型は，相手と親密になることを強く求めている一方で，相手から見捨てられることや相手の愛情がなくなってしまうことに強い不安を持っている人のことです。回避型は，人と親密な関係になることを心地よいことだとはけっして思わず，他人を頼ることを嫌う人のことです。恋愛中の大学生では，対人過失と安定型の間に負の関連が，同じく対人過失とアンビバレント型の間に正の関連が，そして，対人摩耗と回避型の間に正の関連が見られました。相手と心地よい関係を築くことができる安定型の人は，相手に迷惑や不快な思いをさせてしまうことが少ないようです。逆に，相手と親密になることを過度に求めてしまうアンビバレントの人は，相手に迷惑をかけたりいやな気持ちにさせてしまうことが多いといえます。相手と親しくなることを避ける回避型の人は，配慮や気疲れを感じることが多いようです。

橋本 (2008) は，関係不安，親密性回避といったアタッチメントスタイルの別の指標を用いて，それら2つの指標と対人ストレッサーとの関連も調べていま

す。関係不安は，人との関係で不安を感じやすいかどうか，自分に自信を持っているかどうかを示す指標です。関係不安の得点が高い人は，人との関係で不安を感じやすく，自分に自信を持っていないことになります。一方，親密性回避は，人との関係を心地よく思うかどうか，他人のことを信頼できるかどうかを示す指標です。親密性回避の得点が高い人は，人との関係を心地よく感じることが少なく，他人のことを信頼できない人です。交際中の大学生では，対人過失と関係不安との間に正の関連が，そして，対人摩耗と親密性回避との間にも正の関連がそれぞれ見られました。人との関係が不安で，自分に自信がない人ほど，相手に迷惑をかけたりいやな気持ちにさせてしまうことが多いようです。また，人との関係を避け，他人を信用できない人ほど，配慮や気疲れを感じているようです。

② 対人ストレスコーピングとアタッチメント

　対人ストレスコーピングとアタッチメントスタイルとの関連についても，見ておきましょう。金政(2005)によると，安定型は，ポジティブ関係コーピングと正の関連，ネガティブ関係コーピングと負の関連がそれぞれ見られました。人と心地よい親密な関係を築くことができる人は，相手と積極的に話をするといった対処行動を行うことが多く，逆に，相手とつきあわないようにするといった対処行動を行うことは少ないようです。アンビバレント型は，ネガティブ関係コーピングと正の関連，そして解決先送りコーピングと負の関連がありました。人と親密になることが不安な人は，相手とかかわりを持たないようにするといった対処方法をとることが多い一方で，時間が経過するのを待つといった対処方法をとることは少ないといえます。回避型はネガティブ関係コーピングと正の関連があり，人と親密な関係になることを避ける人ほど，相手とつきあわないようにするといった対処行動を行うことが多いようです。

　関係不安と親密性回避の2つの指標では，以下のことが明らかになっています。まず，親密性回避の得点が高いほど，つまり，拒否的な人ほど，ポジティブ関係コーピングの使用が少なく，逆に，ネガティブ関係コーピングの使用が多いことが示されました。また，関係不安が高い人ほど，ネガティブ関係コーピングの使用が多く，逆に，解決先送りコーピングの使用が少ないことも確認

されました。

③ ソーシャルサポートとアタッチメント

　アタッチメントスタイルは，対人関係のブライトサイドであるソーシャルサポートとはどのような関連があるのでしょうか？　アタッチメントスタイルの２つの指標である関係不安と親密性回避については，いずれもサポートの間に負の関連が見られることが多いようです (Anders & Tucker, 2000; Mallinckrodt & Wei, 2005; Vogel & Wei, 2005)。関係不安が高く，拒否的な人ほど，周囲の人からサポートを受け取ることが少ないといえます。また，拒否的な人ほど，日常生活の中で相手から受け取るサポートをあまりうれしく感じないとうことも明らかになっています (Campbell et al., 2005)。アタッチメントスタイルの安定性を示すひとつのみの指標では，サポートの間に正の関連があることが確認されています (Asendorpf & Wilpers, 2000; Larose et al., 2002)。これは，アタッチメントスタイルが安定的な人ほど，友人や家族など周囲の人から多くのサポートをもらっていることを示しています。このほかにも，安定的な人ほど，相手のサポート要求に応じて適切なサポートを提供したり (Simpson et al., 2002)，相手から道具的サポート（アドバイス）ではなく情緒的サポート（励まし）を受け取ったきに満足感が高くなること (Simpson et al., 2007) などがわかっています。

第5節
ダークサイドとブライトサイドの影響

　ここまで，対人ストレッサー，対人ストレスコーピング，ソーシャルサポート，アタッチメントスタイルの関連について説明してきました。対人ストレッサーは対人関係のダークサイドとして，対人ストレスコーピングはその対処方法として，また，ソーシャルサポートは対人関係のブライトサイドとして，さらに，アタッチメントは上記の３つをつなぐ個人差として，それぞれ取りあげました。

　最後に，対人関係のダークサイドとブライトサイドの精神的健康に対する影響について，考えてみたいと思います。対人関係のダークサイドは精神的健康

を悪化させ，逆に，ブライトサイドは精神的健康を高めるような効果をそれぞれ持っています。また，一般的には，対人関係のダークサイドのほうが，ブライトサイドよりも，精神的健康に対する影響が大きいといわれています（橋本, 2005; Rook, 1998／谷口訳, 2008）。つまり，対人関係で良い出来事をいくつか経験すると，通常は，精神的健康もその分だけ良い状態になりますが，それと同時に悪い出来事をひとつでも経験すると，精神的健康に対する良い出来事の効果が相殺されてしまって，健康状態がもとのままの状態になったり，むしろ悪化したりするのです。ひとつのいやな出来事は，なんと，良い出来事の5つぶんの力を持っているようです（Gottman, 1994）。橋本ら（2005）や谷口ら（2005, 2006）においても，対人ストレッサーのほうが，ソーシャルサポートよりも，ストレス反応をより強く生じさせることが確認されています。

　最近では，対人関係のダークサイドとブライトサイドの精神的健康に対する影響について，従来とは異なる新しい観点からも，調査が行われるようになってきています。たとえば，源氏田（2008）は，ソシオメーター理論（Leary, 2004）に基づいて，対人関係のいやな出来事とソーシャルサポートが精神的健康に与える影響について調べています。ソシオメーター理論は，他者から受け入れられているという情報が，個人の自尊心や心身の健康に強い影響を与えるというものです。この理論に基づくと，対人関係のいやな出来事やソーシャルサポートは，他者から受け入れられているかどうかについての情報を相手に与えることで，その人の精神的健康状態に影響を及ぼすということになります。調査の結果は，このような考え方がほぼ正しいということを示していました。

　本章では，対人関係のダークサイドだけでなくブライトサイドにも目を向けて，両者の関連について見てきました。この本全体をとおして，読者のみなさんが，対人関係に起因するさまざまな問題に向き合い，取り組み，それらを適切に解決するきっかけをつかんでいただけたら，それは私たち筆者にとってもこのうえない喜びとなります。

引用文献

〈第1章〉

Amato, P. R., & Rogers, S. J. (1997). A longitudinal study of marital problems and subsequent divorce. *Journal of Marriage and the Family*, **59**, 612-624.

Atkins, D. C., Baucom, D. H., & Jacobson, N. S. (2001). Understanding infidelity: Correlates in a national random sample. *Journal of Family Psychology*, **15**, 735-749.

Atkins, D. C., Eldridge, K. A., Baucom, D. H., & Christensen, A. (2005). Infidelity and behavioral couple therapy: Optimism in the face of betrayal. *Journal of Consulting and Clinical Psychology*, **73**, 144-150.

Buss, D. M., & Shackelford, T. K. (1997). Susceptibility to infidelity in the first year of marriage. *Journal of Research in Personality*, **31**, 193-221.

de Weerth, C., & Kalma, A. P. (1993). Female aggression as a response to sexual jealousy: A sex role reversal? *Aggressive Behavior*, **19**, 265-279.

Drigotas, S. M., Safstrom, C. A., & Gentilia, T. (1999). An investment model prediction of dating infidelity. *Journal of Personality and Social Psychology*, **77**, 509-524.

遠藤周作 (1977) 愛情セミナー 集英社文庫

Finkel, E. J., Rusbult, C. E., Kumashiro, M., & Hannon, P. A. (2002). Dealing with betrayal in close relationships: Does commitment promote forgiveness? *Journal of Personality and Social Psychology*, **82**, 956-974.

Forste, R., & Tanfer, K. (1996). Sexual exclusivity among dating, cohabiting, and marriage women. *Journal of Marriage and the Family*, **58**, 33-47.

Gordon, K. C., Baucom, D. H., & Snyder, D. K. (2005). Forgiveness in couples: Divorce, infidelity, and couple therapy. In E.L. Worthington, Jr. (Ed.), *Handbook of forgiveness*. New York: Taylor & Francis Group. Pp. 407-421.

Greeley, A. (1994). Marital infidelity. *Society*, **31**, 9-13.

Hall, J. H., & Fincham, F. D. (2006). Relationship dissolution following infidelity: The roles of attributions and forgiveness. *Journal of Social and Clinical Psychology*, **25**, 508-522.

Harris, C. R. (2000). Psychophysiological responses to imagined infidelity: The specific innate modular view of jealousy reconsidered. *Journal of Personality and Social Psychology*, **78**, 1082-1091.

加藤 司 (2006) 失恋の心理学 齊藤 勇 (編) イラストレート恋愛心理学—出会いから親密な関係へ— 誠信書房 Pp. 113-123.

加藤 司 (2008) 対人ストレスコーピングハンドブック—人間関係のストレスにどう立ち向かうか— ナカニシヤ出版

Nannini, D. K., & Meyers, L. S. (2000). Jealousy in sexual and emotional infidelity: An alternative to the evolutionary explanation. *The Journal of Sex Research*, **37**, 117-122.

セイエンタプライズの「Seiさんのお店」(2007, November, 3) Retrieved November, 25, 2007, from http://www.hapima.com/sh/sei/ank12/#03

Shackelford, T. K., LeBlanc, G. J., & Drass, E. (2000). Emotional reactions to infidelity. *Cognition and Emotion*, **14**, 643-659.

引用文献

Twenge, J. M., Campbell, W. K., & Foster, C. A. (2003). Parenthood and marital satisfaction: A meta-analytic review. *Journal of Marriage and Family*, **65**, 574-583.

Whisman, M. A., & Snyder, D. K. (2007). Sexual infidelity in a national survey of American women: Differences in prevalence and correlates as a function of method of assessment. *Journal of Family Psychology*, **21**, 147-154.

Whisman, M. A., Gordon, K. C., & Chatav, Y. (2007). Predicting sexual infidelity in a population-based sample of married individuals. *Journal of Family Psychology*, **21**, 320-324.

〈第2章〉

阿部修士・藤井俊勝 (2006) 嘘の脳内メカニズム―脳機能画像研究を中心に　箱田裕司・仁平義明 (編)　嘘とだましの心理学―戦略的なだましからあたたかい嘘まで　有斐閣　Pp. 231-255.

Alaszewski, A. M. (2006). *Using Diaries for Social Research*. California: Sage.

安斎育郎 (2006) だます心　だまされる心　岩波新書

DePaulo, B. M., Kirkendol, S. E., Tang, J., & O'Brien, T. P. (1988). The motivational impairment effect in the communication of deception: Replications and extensions. *Journal of Nonverbal Behavior*, **12**, 177-202.

DePaulo, B. M., Kashy, D. A., Kirkendol, S. E., Wyer, M. M., & Epstein, J. A. (1996). Lying in everyday life. *Journal of Personality and Social Psychology*, **70**, 979-995.

DePaulo, B. M., Lindsay, J. J., Malone, B. E., Muhlenbruck, L., Charlton, K., & Cooper, H. (2003). Cues to deception. *Psychological Bulletin*, **129**, 74-118.

Ekman, P. (1985). *Telling lies : Clues to deceit in the marketplace, politics, and marriage*. New York: W. W. Norton & Company.

The Global Deception Research Team (2006). A world of lies. *Journal of Cross-Cultural Psychology*, **37**, 60-74.

平伸二・中山誠・桐生正幸・足立浩平 (編著) (2000) ウソ発見―犯人と記憶のかけらを探して―　北大路書房

Hopper, R., & Bell, R. A. (1984). Broadening the deception construct. *Quarterly Journal of Speech*, **70**, 288-302.

海保博之 (2006) なぜ大金を振り込んでしまうのか―詐欺の心理学―　森正義彦 (編著) 心理学の切り口―身近な疑問をどう読み解くか―　培風館　Pp. 151-170.

石垣琢磨 (2006) 嘘とだましの人格と病理―空想虚言症とミュンヒハウゼン症候群―　箱田裕司・仁平義明 (編) 嘘とだましの心理学―戦略的なだましからあたたかい嘘まで―　有斐閣　Pp. 159-174.

警察庁 (2008)「振り込め詐欺 (恐喝)」事件にご注意！　平成20年1月21日〈http://www.npa.go.jp/safetylife/seianki31/1_hurikome.htm〉

Knapp, M. L. (2007). *Lying and Deception in Human Interaction* (Penguin Academics) Boston: Pearson Allyn & Bacon.

小坂貴志 (2005) 対話論における外言の同化が，人間関係に基づいた自己形成の過程に果たす役割についての一考察―オレオレ詐欺の犯行手口に関するケーススタディー―　日本コミュニケーション学会第35回年次大会発表

Miller, G. R., & Stiff, J. B. (1993). *Deceptive communication*. Newbury Park, California: Sage.

村井潤一郎 (2000) 青年の日常生活における欺瞞　性格心理学研究, **9**, 56-57.

仁平義明（2006）勧誘の嘘とだまし—悪徳商法の心理的メカニズム— 箱田裕司・仁平義明（編）嘘とだましの心理学—戦略的なだましからあたたかい嘘まで— 有斐閣 Pp. 35-50.
二宮克美（1999）うそ 中島義明・安藤清志・子安増生・坂野雄二・繁桝算男・立花政夫・箱田祐司（編）心理学事典 有斐閣 P. 56.
二瀬由理（2007）コンピュータによるウソの自動判別 仁平義明（編）現代のエスプリ, **481**, 197-205.
大本義正・植田一博・大野健彦・小松孝徳（2006）複数の非言語情報を利用した嘘の読み取りとその自動化 ヒューマンインタフェース学会誌, **8**, 555-564.
Rodriguez, N., & Ryave, A. (2002). *Systematic self-observation*. California: Sage.
Vrij, A. (2004). Guidelines to catch a liar. In P. A. Granhag & L. A. Strömwall (Eds.), *The Detection of Deception in Forensic Contexts*. Cambridge: Cambridge University Press. Pp. 287-314.
Zuckerman, M., DePaulo, B. M., & Rosenthal, R. (1981). Verbal and nonverbal communication of deception. In L. Berkowitz (Ed.), *Advances in experimental social psychology*, Vol. 14. New York: Academic Press. Pp. 1-59.

〈第3章〉

American Psychiatric Association (2000). *Diagnostic and statistical manual of mental disorders. 4th edition.text revision. (DSM-IV-TR)*. Washington, DC: American Psychiatric Association.
Bryson, J. B. (1991). Modes of responses to jealousy-evoking situations. In P. Salovey (Ed.). *The psychology of envy and jealousy*. New York: Guilford Press. Pp. 1-45.
Buss, D. M. (1988). From vigilance to violence: Tactics of mate retention in American undergraduates. *Ethology and Sociobiology*, **9**, 291-317.
DeSteno, D., & Salovey, P. (1996). Jealousy and the characteristics of one's rival: A self-evaluation maintenance perspective. *Personality and Social Psychology Bulletin*, **22**, 920-932.
土居建郎・渡部昇一（1995）いじめと妬み—戦後民主主義の落とし子— PHP研究所
Festinger, L. (1954). A theory of social comparison process. *Human Relations*, **7**, 117-140.
Freud, S. (1961). Some psychical consequences of the anatomical distinction between the sexes. In J. Strachey (Ed. & Trans.), *The standard edition of the complete psychological works of Sigmund Freud*, 19. London: Hogarth Press. Pp. 243-258. (Original work published 1925).
Fromm, E. (1964). *The heart of man: Its genius for good and evil*. New York: Harper & Row.
船山道隆・濱田秀伯（2006）嫉妬妄想・被愛妄想 こころの科学, **126**, 56-59.
Gold, B. T. (1996). Enviousness and its relationship to maladjustment and psychopathology. *Personality and Individual Differences*, **21**, 311-321.
Heider, F. (1958). *The psychology of interpersonal relations*. New York: Wiley.
Horney, K. (1937). *The neurotic personality of our time*. New York; W.W. Norton.
Hupka, R. B. (1991). The motive for the arousal of romantic jealousy. In P. Salovey (Ed.). *The psychology of envy and jealousy*. New York: Guilford Press. Pp. 252-270.
石川啄木（1949）歌集一握の砂 河出書房
Joffe, W. G. (1969). A critical review of the status of envy concept. *International Journal of*

Psycho-Analysis, **50**, 533-545.
国税庁（2007）民間給与実態調査結果―税務統計から見た民間給与の実態― 2007年11月確報公表〈http://www.nta.go.jp/kohyo/tokei/kokuzeicho/minkan2006/minkan.htm〉
清永賢二・麦島文夫・高橋義彰（1985）いじめに関わる非行の実態調査研究2――非行の状況といじめに対する非行少年の態度― 科学警察研究所報告（防犯少年編）, **26**, 144-161.
三浦香苗・奥山紗世（2003）女子大学生の恋愛関係における嫉妬感情およびそれへの対処―性差および恋愛関係・恋愛観との関連の分析― 昭和女子大学生活心理学研究所紀要, **6**, 1-16.
森田洋司・清永賢二（1994）新訂版いじめ―教室の病― 金子書房
Mowat, R. R. (1966). *Morbid jealousy and murder*. London: Tavistock.
Parker, J .G., Low, C. M., Walker, A. R., & Gamm, B. K. (2005). Friendship jealousy in young adolescents: Individual differences and links to sex, self-esteem, aggression, and social adjustment. *Developmental Psychology*, **41**, 235-250.
Parrott, W. G., & Smith, R. H. (1993). Distinguishing the experiences of envy and jealousy. *Journal of Personality and Social Psychology*, **64**, 906-920.
Paul, L., Foss, M. A., & Galloway, J. (1993). Sexual jealousy in young women and men; Aggressive responsiveness to partner and rival. *Aggressive Behavior*, **19**, 401-420.
Pines, A. M. (1992). *Romantic jealousy*. New York: Sobel Weber Associates.
Salovey, P., & Rodin, J. (1984). Some antecedents consequence of social-comparison jealousy, *Jornal of Personality and Social Psychology*, **47**, 780-792.
Salovey, P., & Rodin, J. (1988). Coping with envy and jealousy. *Journal of Social and Clinical Psychology*, **7**, 15-33.
澤田匡人（2003）他者の不幸に対する感情喚起における妬み感情と相応度の役割 日本発達心理学会第14回大会発表論文集, 56.
澤田匡人（2006a）子どもの妬み感情とその対処―感情心理学からのアプローチ― 新曜社
澤田匡人（2006b）中学生の妬み傾向と妄想的観念 日本発達心理学会第17回大会発表論文集, 721.
澤田匡人・新井邦二郎（2002）妬みの対処方略選択に及ぼす，妬み傾向，領域重要度，および獲得可能性の影響 教育心理学研究, **50**, 246-256.
Schaubroeck, J., & Lam, S. K. (2004). Comparing lots before and after:Promotion rejectees' invidious reactions to promotees. *Organizational Behavior and Human Decision Processes*, **95**, 33-47.
Schoeck,H. (1969). *Envy: A theory of social behavior*. New York: Harcout, Brace & World.
新村 出（編）（2008）広辞苑第六版 岩波書店
Silver, M., & Sabini, J. (1978). The perception of envy. *Social Psychology*, **41**, 105-117.
Smith, R. H., Kim, S. H., & Parrott, W. G. (1988). Envy and jealousy: Semantic problems and experiential distinctions. *Personality and Social Psychology Bulletin*, **14**, 401-409.
Smith, R. H., Turner, T. J., Garonzik, R., Leach, C. W., Urch-Druskat, V., & Weston, C. M. (1996). Envy and Schadenfreude. *Personality and Social Psychology Bulletin*, **22**, 158-168.
Sullivan, H. S. (1956). *Clinical studies in psychiatry*. New York: W. W. Norton.
高橋俊彦（2006）病的嫉妬の臨床研究 岩崎学術出版社
Tesser, A., Campbell, J., & Smith, M. (1984). Friendship choice and performance: Self-

evaluation maintenance in children. *Journal of Personality and Social Psychology*, **46**, 561-574.

Tesser, A., & Collins, J. (1988). Emotion in social reflection and comparison situations: Intuitive, systematic, and exploratory approaches. *Journal of Personality and Social Psychology*, **55**, 695-709.

坪田雄二 (1991) 社会的比較によって生じる嫉妬と自尊感情の関連性の検討 広島大学教育学部紀要 (第1部), **40**, 113-117.

上杉 喬・樋場真知子・馬場史津 (2002) 感情体験の分析―嫉妬・憎い・怒りについて― 生活科学研究, 24, 25-40.

山田厚俊 (2007) 生涯賃金「最高6億, 最低5000万」の衝撃―特集「給与格差」大図鑑― プレジデント, **45** (11), 53-55.

〈第4章〉

Abramson, L. Y., Seligman, M. E. P., & Teasdale, J. D. (1978). Learned helplessness in humans : critique and reformulation. *Journal of Abnormal Psychology*, **87**, 49-74.

阿部晋吾・髙木 修 (2005) 怒り表出の対人的効果を規定する要因:怒り表出の正当性の評価の影響を中心として 社会心理学研究, **21**, 12-20.

Bulman, R. J., & Wortman, C. B. (1977). Attribution of blame and coping in the "real world": Severe accident victims react to their lot. *Journal of Personality and Social Psychology*, **35**, 351-363.

有光興記 (2006) 罪悪感の低減に及ぼす再帰属の効果 第6回日本認知療法学会プログラム抄録集, 121.

有光興記 (2007) 罪悪感と羞恥心 鈴木直人 (編) 感情心理学 朝倉書店 Pp. 172-193.

有光興記 (2008) 罪悪感への有効な対処法 日本感情心理学会第16回大会 (発表予定)

Bradbury, T. N. & Fincham, F. D. (1990). Attributions in marriage: Review and critique. *Psychological Bulletin*, **107**, 3-33.

Gilbert, P., & Miles, J. N. V. (2000). Sensitivity to social put-down: It¹s relationship to perceptions of social rank, shame, social anxiety, depression, anger, and self-other blame. *Personality and Individual Differences*, **29**, 757-774.

Greenberger, D., & Padesky, C. A. (1995). *Mind over mood*. New York: Guilford Press.

Heim, S. C., & Snyder, D. K. (1991). Predicting depression from marital distress and attributional processes. *Journal of Marital and Family Therapy*, **17**, 67-72.

Heimberg, R. G., Klosko, J. S., Dodge, C. S., Shadick, R., Becker, R. E., & Barlow, D. H. (1989). Anxiety disorders, depression, and attributional style: A further test of the specificity of depressive attributions. *Cognitive Therapy and Research*, **13**, 21-36.

Janoff-Bulman, R. & Thomas, C. E. (1989). Toward an understanding of self-defeating responses following victimization. In R. Curtis (ed), *Self-defeating behaviors: Experimental research and practical implications*. New York, Plenum. Pp. 215-234.

加藤 司 (2007) 対人ストレス過程における対人ストレスコーピング ナカニシヤ出版

金 吉晴 (2001) トラウマ反応総論 厚生労働省 精神・神経疾患研究委託費 外傷ストレス関連障害の病態と治療ガイドラインに関する研究班 (編) 心的トラウマの理解とケア じほう Pp. 3-15.

坂口幸弘 (2003) 近親者の死に対する自己非難と運命帰属の関係と精神的健康に及ぼす影響

健康心理学研究, **16**, 10-19.
Seligman, M. E. P. (1991). *Learned optimism*. New York: Knopf.
Snyder, C. R., & Higgins, R. L. (1988). Their effective role in the negotiation of reality. *Psychological Bulletin*, **104**, 23-35.
Tangney, J. P., Wagner, P. E., Hill-Barlow, D., Marshall, D. E., & Gramzow, R. (1996). Relation of shame and guilt to constructive versus destructive responses in anger across the lifespan. *Journal of Personality and Social Psychology*, **70**, 797-809.
Tedeschi, J. T., & Felson, R. B. (1994). *Violence, aggression, and coercive actions*. Washington, DC: American Psychological Association.
Tennen, H., & Affleck, G. (1990). Blaming others for threatening events. *Psychological Bulletin*, **108**, 209-232.
Tracy, J. L., & Robins, R. W. (2004). Putting the self into self-conscious emotions: A theoretical model. *Psychological Inquiry*, **15**, 103-125.

〈第5章〉

Abramson, L. Y., Metalsky, G. I., & Alloy, L. (1989). Hopelessness depression: A theory-based subtype of depression. *Psychological Review*, **96**, 358-372.
Beck, A. T, Rush, A. J., Shaw, B. F., & Emery, G. (1979). *Cognitive therapy of depression*. New York: Guilford Press.
Bolger, N., & Zuckerman, A. (1995). A framework for studying personality in the stress process. *Journal of Personality and Social Psychology*, **69**, 890-902.
Burhans, K. K., & Dweck, C. S. (1995). Helplessness in early childhood: The role of contingent worth. *Child Development*, **66**, 1719-1738.
Hammen, C. (1991). Generation of stress in the course of unipolar depression. *Journal of Abnormal Psychology*, **100**, 555-561.
Hankin, B. L., Kassel, J. D., & Abela, J. R. Z. (2005). Adult attachment dimensions and specificity of emotional distress symptoms: Prospective investigations of cognitive risk and interpersonal stress generation as mediating mechanisms. *Personality and Social Psychology Bulletin*, **31**, 136-151.
橋本　剛 (2000) 大学生における対人ストレスイベントと社会的スキル・対人方略の関連　教育心理学研究, **48**, 94-102.
Herzberg, D. S., Hammen, C., Burge, D., Daley, S. E., Davila, J., & Lindberg, N. (1998). Social competence as a predictor of chronic interpersonal stress. *Personal Relationships*, **5**, 207-218.
加藤　司 (2007) 対人ストレス過程における対人ストレスコーピング　ナカニシヤ出版
黒田祐二 (2006)「評価」や「承認」を求めることの何が問題か？—自己価値証明への動機づけ」という観点から—　日本パーソナリティ心理学会第14回大会, 129-130.
Kuroda, Y. (2007). Stress-generative cognition: Depressogenic schema generates perceived negative stressors. *Paper presented at the Association for Psychological Science 19th Annual Convention*.
黒田祐二・桜井茂男 (2005) 抑うつの動機づけ的素因の発達的メカニズム　日本教育心理学会第47回総会, 174.
Nelson, D. R., Hammen, C., Daley, S. E., Burge, D., & Davila, J. (2001). Sociotropic and autonomous personality styles: Contributions to chronic life stress. *Cognitive Therapy and*

Research, **25**, 61-76.

Potthoff, J. G., Holahan, C. J., & Joiner, T. E. Jr. (1995). Reassurance seeking, stress generation, and depressive symptoms: An integrative model. *Journal of Personality and Social Psychology*, **68**, 664-670.

坂本真士 (1997) 自己注目と抑うつの社会心理学　東京大学出版会

Segrin, C. (2001). Social skills and negative life events: Testing the deficit stress generation hypothesis. *Current Psychology*, **20**, 19-35.

高比良美詠子 (2000) 抑うつのホープレスネス理論における領域一致仮説の検討　心理学研究，**71**, 197-204.

谷口弘一・福岡欣治 (編) (2006) 対人関係と適応の心理学　北大路書房

〈第6章〉

安藤幸子・植本雅治・川口貞親・鵜川晃・山下裕紀・繁田澄香・船曳千恵美・中野悦子・別府清香・後藤たみ・多嶋佳代子・末神恵見 (2002) 看護者の患者に対する苦手意識と職位，経験年数との関連　神戸市看護大学紀要，**6**, 49-55.

青木みのり (1995) 青年期における対人感情と他者概念との関連　社会心理学研究，**10**, 190-195.

Bolger, N., Delongis, A., Kessler, R. C., & Schilling, E.A. (1989). Effects of daily stress on negative mood. *Journal of Personality and Social Psychology*, **57**, 808-818.

橋本　剛 (2005) 対人ストレッサー尺度の開発　静岡大学人文学部人文論集，**56**, 45-71.

橋本　剛 (2006) ストレスをもたらす対人関係　谷口弘一・福岡欣治 (編)　対人関係と適応の心理学―ストレス対処の理論と実践―　北大路書房　Pp. 1-18.

日向野智子・堀毛一也・小口孝司 (1998) 青年期の対人関係における苦手意識　昭和女子大学生活心理研究所紀要，**1**, 43-62.

日向野智子・小口孝司 (2002a) 中学生における対人苦手意識　日本社会心理学会第43回大会発表論文集，406-407.

日向野智子・小口孝司 (2002b) ハーディネスからみた管理職適性　産業・組織心理学会第18回大会発表論文集，70-73.

日向野智子・小口孝司 (2002c) 対人苦手意識の実態と生起過程　心理学研究，**73**, 157-165.

日向野智子・小口孝司 (2003) セルフ・タッチからみた対人苦手意識の生起過程　日本グループ・ダイナミックス学会第50回大会発表論文集，190-191.

日向野智子・小口孝司 (2007) 学級集団内地位からみたパーソナリティ特性と対面苦手意識　実験社会心理学研究，**46**, 133-142.

日向野智子 (2008) 対人苦手意識の生起と相互作用の過程に関わる社会的スキル　一般他者に対する社会的スキルと苦手な他者に対する社会的スキルにおける質的差異の検討―立正大学心理学部紀要，**6**, 39-49.

今林俊一 (1996) にがて意識を持ちやすい子　児童心理，**50**, 299-305.

垣本尚美・増木菜美子・生天目晶子・堀孔美恵・増渕孝子 (2006) ターミナル期患者の病室から足が遠のく看護師の実態　日本看護学会論文集，総合看護，**37**, 304-306.

厚生労働省 (2003) 平成14年度労働者健康状況調査　厚生労働省2003年8月　http://www.mhlw.go.jp/toukei/itiran/roudou/saigai/anzen/kenkou02/index.html (2008年3月12日)

Leary, M. R., & Kowalski, R. M. (1990). Impression Management: A literature review and two com-pornent model. *Psychological Bulletin*, **107**, 34-47.

引用文献

Lennox, R. D., & Wolfe, R. N. (1984). Revision of the self monitoring scale. *Journal of Personality and Social Psychology*, 46, 1349-1364.
松高ゆり・吉川恵子・池田美智子・澤田美恵・松澤富子・伊賀原由香 (2002) 看護者が家族に抱く苦手意識 日本看護学会論文集, 看護管理, 33, 185-187.
Morris, J. A., & Feldman, D. C. (1996). The dimensions, antecedents, and consequences of emotional labor. *Academy of Management Review*, 21, 986-1010.
小口孝司・山口一美・永房典之・日向野智子・八城薫・安藤清志 (2005) 職業場面における自己変容―大学窓口サービスの場合― 船津衛（研究代表者）自我・自己の変容と社会的感情 東洋大学平成14年～16年度科学研究費研究成果報告書 Pp.42-56.
関根正明 (1996) 子どもにとってにがてな先生とは 児童心理, 50, 369-373.
曽我部和広 (1993) 相性のいい子, 相性の悪い子 児童心理, 47, 107-115.
菅原健介 (1996) 対人不安と社会的スキル 相川充・津村俊充（編）社会的スキルと対人関係―自己表現を援助する 誠心書房 Pp.112-128.
菅原健介 (1998) 人はなぜ恥ずかしがるのか―羞恥と自己イメージの社会心理学 サイエンス社
塚田紘一 (1996) 教師にとって「にがてな子ども」―偏見のない子ども理解を 児童心理, 50, 385-390.
内野知子 (2007) 精神科看護師の患者に対する「苦手意識」について 福岡大学大学院論集, 39, 111-119.
上杉 喬 (1998) 苦手なタイプとどうつきあうか 経営者, 52, 24-27.
氏原 寛 (1996) にがて意識の心理 児童心理, 50, 289-298.
Wegner, D. M., Schneider, D J., Carter, S. R., & White, T. L. (1987). Paradoxical effects of thought suppression. *Journal of Personality and Social Psychology*, 53, 5-13.

〈第7章〉

Baumeister, R. F., Wotman, S. R., & Stillwell, A. M. (1993). Unrequited love: On heartbreak, anger, guilt, scriptlessness, and humiliation. *Journal of Personality and Social Psychology*, 64, 377-394.
Bouchard, G., Lussier, Y., & Sabourin, S. (1999). Personality and marital adjustment: Utility of the five-factor model of personality. *Journal of Marriage and the Family*, 61, 651-660.
Bowlby, J. (1980). *Attachment and loss, vol.3: Loss, sadness and depression.* London: Hogarth Press.
Canary, D. J., Cody, M. J., & Manusov, V. L. (2003). *Interpersonal communication: A goals-based approach* (3rd.). Boston: Bedford, St. Martins.
大坊郁夫 (1988) 異性間の関係崩壊についての認知的研究 日本社会心理学会第29回大会発表論文集, 64-65.
Duck, S. W. (1982). A topography of relationship disengagement and dissolution. In S. W. Duck (Eds.), *Personal Relationships 4: Dissolving personal relationships.* London: Academic Press. Pp. 1-30.
Folkman, S., & Lazarus, R. S. (1980). An analysis of coping in middle-aged community sample. *Journal of Health and Social Behavior*, 21, 219-239.
Frazier, P. A., & Cook, S. W. (1993). Correlates of distress following heterosexual relationship dissolution. *Journal of Social and Personal Relationships*, 10, 55-67.

引用文献

Harvey, J. H. (1995). *Odyssey of the heart: The search for closeness, intimacy, and love.* New York: Freeman.

飛田 操 (1992) 親密な関係の崩壊時の行動特徴について 日本心理学会第56回大会発表論文集, 231.

Hill, C. T., Rubin, Z., & Peplau, L. A. (1976). Breakups Before Marriage: The End of 103 Affairs. *Journal of Social Issues*, 32, 147-168.

堀毛一也 (1994) 恋愛関係の発展・崩壊と社会的スキル 実験社会心理学研究, 34, 116-128.

神村栄一・海老原由香・佐藤健二・戸ヶ崎泰子・坂野雄二 (1995) 対処方略の三次元モデルの検討と新しい尺度 (TAC-24) の作成 教育相談研究, 33, 41-47.

加藤 司 (2005) 失恋ストレスコーピングと精神的健康との関連性の検証 社会心理学研究, 20, 171-180.

Kelley, H. H. (1982) *Personal relationships: their structures and processes.* Lawrence Erlbaum Associates.

木島恒一・須永範明 (1997) 失恋に対する対処行動と対処特性―対処行動質問紙 (COPE) に関する基礎的研究 (1) ― 日本健康心理学会第10回大会発表論文集, 84-85.

Knapp, M. L. (1984). *Interpersonal communication and human relationships.* Boston: Allyn & Bacon Inc.

栗林克匡 (2001) 失恋時の状況と感情・行動に及ぼす関係の親密さの影響 北星学園大学社会福祉学部北星論集, 38, 47-55.

牧野幸志・井原諒子 (2004) 恋愛関係における別れに関する研究 (1) ―別れの主導権と別れの季節の探求― 高松大学紀要, 41, 87-105.

増田匡裕 (2001) 対人関係の「修復」の研究は有用か 対人社会心理学研究, 1, 25-36.

松井 豊 (1990) 青年の恋愛行動の構造 心理学評論, 33, 355-370.

松井 豊 (1993) 恋ごころの科学 サイエンス社

Milardo, R. M. (1982). Friendship Networks in Developing Relationships: Converging and Diverging Social Environments. *Social Psychology Quarterly*, 45, 162-172.

宮村季浩 (2005) 大学生における恋愛関係の解消とストーカーによる被害の関係 学生相談研究, 26, 115-124.

宮下一博・臼井永和・内藤みゆき (1991) 失恋経験が青年に及ぼす影響 千葉大学教育学部研究紀要 (第1部), 39, 117-126.

中村雅彦・藤本真未 (2001) 恋人との別れが恋愛観とその後の恋愛行動に及ぼす影響 愛媛大学教育学部紀要 (教育科学), 48, 19-34.

長田雅喜 (1987) 対人魅力の成立と発展 大橋正夫・長田雅喜 (編) 対人関係の心理学 有斐閣 Pp. 106-128.

Parks, M. R., Stan, C. M., & Eggert, L.L., (1983). Romantic involvement and social network involvement. *Social Psychology Quarterly*, 46, 116-131.

Pennebaker, J. W. (1997). *Opening up: The healing power of expressing emotions.* New York: Guilford Press.

Rusbult, C. E. (1983). A longitudinal test of the investment model: The development (and deterioration) of satisfaction and commitment in heterosexual involvements. *Journal of Personality and Social Psychology*, 45, 101-117.

酒井美雪 (2002) 青年の失恋体験による対象喪失とモーニングワーク―青年の好む歌詞に映し出された心理の変化 応用社会学研究, 12, 77-99.

引用文献

新村　出（編）（1998）広辞苑第五版　岩波書店
Simpson, J. A.（1987）. The dissolution of romantic relationships: Factors involved in relationship stability and emotional distress. *Journal of Personality and Social Psychology*, **53**, 683-692.
山下倫実・坂田桐子（2005）恋愛関係とその崩壊が自己概念に及ぼす影響　広島大学総合科学部紀要,（理系編），**31**, 1-15.
和田　実（2000）大学生の恋愛関係崩壊時の対処行動と感情および関係崩壊後の行動的反応―性差と恋愛関係進展度からの検討―　実験社会心理学研究，**40**, 38-49.

〈第8章〉

阿部晋吾・高木修（2005）表出者と被表出者の立場が怒り経験についての回答傾向に及ぼす影響　対人社会心理学研究, **5**, 15-20.
阿部晋吾・高木修（2006）日常生活における怒り表出の原因とその影響　犯罪心理学研究, **44**, 1-8.
阿部晋吾・高木修（2007）被害者が示す怒りに対する加害者の認知的・行動的反応を規定する要因　社会心理学研究, **22**, 258-266.
Averill, J. R.（1982）. *Anger and aggression*. New York: Springer-Verlag.
Baumeister, R. F., Stillwell, A., & Wotman, S. W.（1990）. Victim and perpetrator accounts of interpersonal conflict: Autobiographical narratives about anger. *Journal of Personality and Social Psychology*, **59**, 994-1005.
Ekman, P., & Friesen, W. V.（1969）. The repertoire of nonverbal behavior: Categories, origins, usage, and coding. *Semiotica*, **1**, 49-98.
日比野桂・吉田富二雄・湯川進太郎（2007）怒り表出行動に対する抑制要因の分析　筑波大学心理学研究, **33**, 43-49.
唐沢かおり（1996）認知的感情理論―感情生起にかかわる認知評価次元について―　土田昭司・竹村和久（編）感情と行動・認知・生理―感情の社会心理学―　誠信書房　Pp. 55-78.
香山リカ（2008）キレる大人はなぜ増えた　朝日新聞社
木野和代（2005）怒り表出行動の対人的影響―被表出者の視点から―　カウンセリング研究, **38**, 72-79.
木野和代（2008）怒りの表出―怒りはどのように表に出されるのか―　湯川進太郎（編）怒りの心理学―怒りとうまくつきあうための理論と方法―　有斐閣　Pp. 39-58.
森下朝日（2003）怒りに類する感情の喚起と表出に及ぼす対人関係の影響　国際文化学, **8**, 101-118.
大渕憲一（2000）怒りの比較文化研究―規範逸脱の次元と怒り感情及び罰願望に対するその影響―　東北大学文学研究科研究年報, **50**, 184-172.
大渕憲一・小倉左知男（1984）怒りの経験（1）―Averill の質問紙による成人と大学生の調査概況　犯罪心理学研究, **22**, 15-35.
繁桝江里・池田謙一（2003）コミュニケーションにおける否定的フィードバックの抑制の対人的効果―"その人とぶつかるくらいなら言いたいことを言わない"ことは何をもたらすか―　社会心理学研究, **19**, 30-40.
新村　出（編）（1998）広辞苑第五版　岩波書店.
湯川進太郎（2005）バイオレンス―攻撃と怒りの臨床社会心理学―　北大路書房

湯川進太郎・日比野桂（2003）怒り経験とその鎮静化過程　心理学研究，**74**, 428-436.

〈第9章〉

Atria, M., & Spiel, C.（2007）. Viennese Social Competence（ViSC）Training for Students: Program and Evaluation. In J. E. Zins, M. J. Elias, & C. A. Maher（Eds.）, *Bullying, victimization, and peer harassment: A handbook of prevention and intervention*. New York: Haworth Press. Pp. 179-197.

Atria, M., Strohmeier, D., & Spiel, C.（2007）. The relevance of the school class as social unit for the prevalence of bullying and victimization. *European Journal of Developmental Psychology*, **4**, 372-387.

Crick, N. R., & Grotpeter, J. K.（1995）. Relational aggression, gender, and social-psychological adjustment. *Child Development*, **67**, 993-1002.

今泉　博（1998）崩壊クラスの再建　学陽書房

Kanetsuna, T., & Smith, P. K.（2002）. Pupil insights into bullying, and coping with bullying: A bi-national study in Japan and England. *Journal of School Violence*, **1**, 5-29.

正高信男（1998）いじめを許す心理　岩波書店

三藤祥子・笠井孝久・中澤潤・三浦香苗（1999）いじめ行為の評価と分類　日本教育心理学会第41回総会発表論文集，139.

水野治久・石隈利紀（1999）被援助志向性，被援助行動に関する研究の動向　教育心理学研究，**47**, 530-539.

水野治久・石隈利紀・田村修一（2006）中学生を取り巻くヘルパーに対する被援助志向性に関する研究―学校心理学の視点から―　カウンセリング研究，**39**, 17-27.

森田洋司・清永賢二（1986）いじめ―教室の病い―　金子書房

Pepler, D.（2006）. Bullying interventions: A binocular perspective. *Journal of the Canadian Academy of Child and Adolescent Psychiatry*, **15**, 16-20.

Smith, P. K., & Sharp, S.（1994）. *School bullying*. London: Routledge.

Smith, P. K., Cowie, H., Olafsson, R. F., & Liefooghe, A.（2002）. Definitions of bullying: A comparison of terms used, and age and gender differences, in a fourteen-country international comparison. *Child Development*, **73**, 1119-1133.

滝　充（2007）Evidenceに基づくいじめ対策　国立教育政策研究所紀要，**136**, 119-135.

戸田有一（1997）教育学部学生のいじめ・いじめられ経験といじめに対する意識　鳥取大学教育学部教育実践研究指導センター紀要，**6**, 19-28.

戸田有一（2004）いじめという現実へ向かう心理学　現代のエスプリ，**449**, 71-79.

戸田有一（2005）ピア・サポート実践とコミュニティ・モデルによる評価　土屋基規・P. K. スミス・添田久美子・折出健二（編著）いじめととりくんだ国々―日本と世界の学校におけるいじめへの対応と施策―　ミネルヴァ書房　Pp. 94-103.

Toda, Y., Strohmeier, D., Spiel, C., & Lampert, A.（2007）. A cross cultural study on aggressive behaviour in Japanese and Austrian pupils. *13th European Conference on Developmental Psychology*. Jena, Germany.

〈第10章〉

Andrews, B., & Brewin, C. R.（1990）. Attributions of blame for marital violence: A study of antecedents and consequences. *Journal of Marriage and the Family*, **52**, 757-767.

引用文献

Clark, M., & Mills, J. (1979). Interpersonal attraction in exchange and communal relationships. *Journal of Personality and Social Psychology*, 37, 12-24.
Fincham, F. D., Bradbury, T. N., Arias, I., Byrne, C. A., & Karney, B. R. (1997). Marital violence, marital distress, and attributions. *Journal of Family Psychology*, 11, 367-372.
Fincham, F. D., Paleari, F. G., & Regalia, C. (2002). Forgiveness in marriage: The role of relationship quality, attributions, and empathy. *Personal Relationships*, 9, 27-37.
Gondolf, E. W., & Hanneken, J. (1987). The gender warrior: Reformed batterers on abuse, treatment, and change. *Journal of Family Violence*, 2, 177-191.
Hines, D. A., & Saudino, K. J. (2004). Genetic and environmental influences on intimate partner aggression: A preliminary study. *Violence and Victims*, 19, 701-718.
Holtzworth-Munroe, A., & Hutchinson, G. (1993). Attributing negative intent to wife behavior: The attributions of maritally violent versus nonviolent men. *Journal of Abnormal Psychology*, 102, 206-211.
Ieda, R. (1986). The battered woman. *Women and Therapy*, 5, 167-176.
Kearns, J. N., & Fincham, F. D. (2005). Victim and perpetrator accounts of interpersonal transgressions: Self-serving or relationship-serving biases? *Personality and Social Psychology Bulletin*, 31, 321-333.
Klein, R. (2004). Sickening relationships: Gender-based violence, women's health, and the role of informal third parties. *Journal of Social and Personal Relationships*, 21, 149-165.
Martz, J., M., Verette, J., Arriaga, X. B., Slovik, L., Cox, C., & Rusbult, C. E. (1998). Positive illusion in close relationships. *Personal Relationships*, 5, 159-181.
内閣府 (2005) 平成17年版国民生活白書　国立印刷局
内閣府男女共同参画局 (2006)「男女間における暴力に関する調査」報告書
内閣府男女共同参画局 (2007) 配偶者からの暴力の被害者の自立支援等に関する調査結果
信田さよ子 (2002) DVと虐待　医学書院
O'Leary, K. D., Malone, J., & Tyree, A. (1994). Physical aggression in early marriage: Prerelationship and relationship effects. *Journal of Consulting and Clinical Psychology*, 62, 594-602.
Overholser, J. C., & Moll, S. H. (1990). Who's to blame: Attributions regarding causality in *spouse abuse. Behavioral Sciences & the Law*, 8, 107-120.
Pape, K. T., & Arias, I. (1995). Control, coping, and victimization in dating relationships. *Violence and Victims*, 10, 43-54..
Pavlou, M., & Knowles, A. (2001). Domestic violence: Attributions, recommended punishments and reporting behavior related to provocation by the victim. *Psychiatry, Psychology and Law*, 8, 76-85.
Pettit, G. S., Bates, J. E., Holtzworth-Munroe, A., Marshall, A. D., Harach, L. D., Cleary, David J., & Dodge, K. A. (2006). Aggression and insecurity in late adolescent romantic relationships: Antecedents and developmental pathways. In A. C. Huston., & M. N. Ripke. (Eds.), *Developmental contexts in middle childhood: Bridges to adolescence and adulthood. Cambridge studies in social and emotional development*. New York: Cambridge University Press, Pp. 41-61.
Puente, S., & Cohen, D. (2003). Jealousy and the meaning (or nonmeaning) of violence. *Personality and Social Psychology Bulletin*, 29, 449-460.

Rusbult, C. E., Zembrodt, I. M., & Gunn, L. K. (1982). Exit, voice, loyalty, and neglect: Responses to dissatisfaction in romantic involvements. *Journal of Personality and Social Psychology*, **43**, 1230–1242.

Shields, N., & Hanneke, C. R. (1983). Attribution processes in violent relationships: Perceptions of violent husbands and their wives. *Journal of Applied Social Psychology*, **13**, 515–527.

Sorenson, S. B., Upchurch, D. M., & Shen, H. (1996). Violence and injury in marital arguments: Risk patterns and gender differences. *American Journal of Public Health*, **86**, 35–40.

相馬敏彦 (2006) 親密な関係の光と影　金政祐司・石盛真徳 (編) わたしから社会へ広がる心理学　北樹出版　Pp. 62-85.

相馬敏彦・浦　光博 (2007) 恋愛関係は関係外部からのソーシャル・サポート取得を抑制するか—サポート取得の排他性に及ぼす関係性の違いと一般的信頼感の影響—, 実験社会心理学研究, **46**, 13-25.

Thompson, M. P., Kaslow, N. J., Kingree, J. B., Rashid, A., Puett, R., Jacobs, D., & Matthews, A. (2000). Partner violence, social support, and distress among inner-city African American women. *American Journal of Community Psychology*, **28**, 127–143.

浦　光博 (1992) 支えあう人と人　サイエンス社

Walker, L. E. (1979). *The battered woman*. New York: Harpercollins

Williamson, G. M., & Silverman, J. G. (2001). Violence against female partners: Direct and interactive effects of family history, communal orientation, and peer-related variables. *Journal of Social and Personal Relationships*, **18**, 535–549.

Winkel, F. W., & Denkers, A. (1995). Crime victims and their social network: A field study on the cognitive effects of victimisation, attributional responses and the victim-blaming model. *International Review of Victimology*, **3**, 309–322.

山岸俊男 (1998) 信頼の構造　東京大学出版会

〈第11章〉

Anders, S. L., & Tucker, J. S. (2000). Adult attachment style, interpersonal communication competence, and social support. *Personal Relationships*, **7**, 379–389.

Asendorpf, J. B., & Wilpers, S. (2000). Attachment security and available support: Closely linked relationship qualities. *Journal of Social and Personal Relationships*, **17**, 115–138.

Bowlby, J. (1969). *Attachment and loss. Vol. 1. Attachment*. New York: Basic Books.

Campbell, L., Simpson, J. A., Boldry, J., & Kashy, D. A. (2005). Perceptions of conflict and support in romantic relationships: The role of attachment anxiety. *Journal of Personality and Social Psychology*, **88**, 510–531.

Frantz, C. M., & Bennigson, C. (2005). Better late than early: The influence of timing on apology effectiveness. *Journal of Experimental Social Psychology*, **41**, 201–207.

福岡欣治 (2006) ソーシャル・サポート研究の基礎と応用—よりよい対人関係を求めて—　谷口弘一・福岡欣治 (編)　対人関係と適応の心理学—ストレス対処の理論と実践—　北大路書房　Pp. 97-115.

福岡欣治 (2007) ソーシャルサポートとは何か－理論的導入—　水野治久・谷口弘一・福岡欣治・古宮　昇 (編)　カウンセリングとソーシャルサポート—つながり支えあう心理学－　ナカニシヤ出版　Pp. 17-33.

源氏田憲一 (2008) サポート／否定的相互作用の効果と受容感—ソシオメーター理論による

引用文献

統合的理解— 日本グループ・ダイナミックス学会第55回大会発表論集，158-159.
Gottman, J. M.（1994）. *What predicts divorce? The relationship between marital processes and marital outcomes*. Hillsdale, New Jersey: Lawrence Erlbaum Associates.
橋本　剛（1997）大学生における対人ストレスイベント分類の試み　社会心理学研究，**13**, 64-75.
橋本　剛（2005a）対人ストレッサー尺度の開発　静岡大学人文学部人文論集，**56**, 45-71.
橋本　剛（2005b）ストレスと対人関係　ナカニシヤ出版
橋本　剛・谷口弘一・田中宏二（2005）児童・生徒におけるサポートと対人ストレス（2）—高校生を対象にした検討—　日本心理学会第69回大会発表論文集，212.
橋本　剛（2006）ストレスをもたらす対人関係　谷口弘一・福岡欣治（編）　対人関係と適応の心理学—ストレス対処の理論と実践—　北大路書房　Pp. 1-18.
橋本　剛（2007）恋愛関係における愛着スタイルと対人ストレス　日本グループ・ダイナミックス学会第54回大会発表論文集，58-159.
橋本　剛（2008）恋愛関係における愛着スタイルと対人ストレス（2）—文化的自己観を含んでの縦断的検討—　日本グループ・ダイナミックス学会第55回大会発表論集，160-161.
金政祐司（2005）青年期の愛着スタイルと感情の調節と感受性ならびに対人ストレスコーピングとの関連—幼児期と青年期の愛着スタイル間の概念的一貫性についての検討—　パーソナリティ研究，**14**, 1-16.
加藤　司（2000）大学生用対人ストレスコーピング尺度の作成　教育心理学研究，**48**, 225-234.
加藤　司（2003）対人ストレスコーピング尺度の因子的妥当性の検証　人文論究（関西学院大学人文学会），**52**, 56-72.
加藤　司（2006）対人ストレスに対するコーピング　谷口弘一・福岡欣治（編）　対人関係と適応の心理学　北大路書房　Pp. 19-38.
加藤　司（2007）対人ストレス過程における対人ストレスコーピング　ナカニシヤ出版
加藤　司（2008）対人ストレスコーピングハンドブック—人間関係のストレスにどう立ち向かうか—　ナカニシヤ出版
数井みゆき・遠藤敏彦（2005）アタッチメント—生涯にわたる絆—　ミネルヴァ書房
Larose, S., Guay, F., & Boivin, M.（2002）. Attachment, social support, and loneliness in young adulthood: A test of two models. *Personality and Social Psychology Bulletin*, **28**, 684-693.
Leary, M. R.（2004）. The sociometer, self-esteem, and the regulation of interpersonal behavior. In R. F. Baumeister & K. Vohs（Eds.）, *Handbook of self-regulation: Research, theory, and application*. New York: The Guilford Press. Pp.373-391.
Mallinckrodt, B., & Wei, M.（2005）. Attachment, social competencies, social support, and psychological distress. *Journal of Counseling Psychology*, **52**, 358-367.
Rholes, W. S., & Simpson, J. A.（Eds.）（2004）. *Adult attachment: theory, research, and clinical implications*. New York: Guilford Press.
Rook, K. S.（1998）. Investigating the positive and negative sides of personal relationships: Through a lens darkly? In B. H. Spitzberg & W. R. Cupach（Eds.）, *The dark side of close relationships*. Mahwah, New Jersey: Lawrence Erlbaum Associates, Publishers. Pp. 369-393.
谷口弘一（訳）（2008）対人関係のポジティブな側面とネガティブな側面の検討：ダークなレンズを通して？　谷口弘一・加藤　司（監訳）（2008）親密な関係のダークサイド　北大路書房　Pp. 224-243.

Simpson, J. A., Rholes, W. S., Orina, M. M., & Grich, J. (2002). Working models of attachment, support giving, and support seeking in a stressful situation. *Personality and Social Psychology Bulletin*, **28**, 598-608.

Simpson, J. A., Winterheld, H. A., Rholes, W. S., & Orina, M. M. (2007). Working models of attachment and reactions to different forms of caregiving from romantic partners. *Journal of Personality and Social Psychology*, **93**, 466-477.

Spitzberg, B. H., & Cupach, W. R. (Eds.) (1998). *The dark side of close relationships*. Mahwah, New Jersey: Lawrence Erlbaum Associates, Publishers. 谷口弘一・加藤　司（監訳）(2008) 親密な関係のダークサイド　北大路書房

谷口弘一 (2007) 対人ストレスコーピングの再考　同志社心理，**54**, 78-85.

谷口弘一・加藤　司 (2007) 対人ストレスと対人ストレスコーピング　日本社会心理学会第48会大会発表論文集，496-497.

谷口弘一・橋本　剛・田中宏二 (2005) 児童・生徒におけるサポートと対人ストレス (1) ─中学生を対象にした検討─　日本心理学会第69回大会発表論文集, 211.

谷口弘一・橋本　剛・田中宏二 (2006) 大学生におけるサポートと対人ストレス　日本心理学会第70回大会発表論文集, 276.

Vogel, D. L., & Wei, M. (2005). Adult attachment and help-seeking intent: The mediating roles of psychological distress and perceived social support. *Journal of Counseling Psychology*, **52**, 347-357.

事項索引

●あ
アタッチメント回避　71
アタッチメントスタイル　71, 156
アタッチメント不安　71
安定型　157
アンビバレント型　157
●い
いじめ　118
いじめのプロセスモデル　127
●う
うそ　18
うそ発見器　26
●お
オセロ・エラー　25
●か
解決先送りコーピング　152
改訂版学習性無力感理論　51
回避型　157
学習性無力感　122, 143
下方比較　54
関係内攻撃　120
感情労働　87
カンダーステグ宣言　118
●き
欺瞞　18
共同的関係志向　139
●く
グローバル・ディセプション・リサーチ・
　チーム　24
●け
原因帰属　47, 67, 137
幻想　135
●こ
コミットメント　94
コンプレックス　80
●し
シカゴ大学国際世論研究センター　5, 8
時間的猶予仮説　153
自己愛　40

自己依拠　44
思考抑制　83
自己開示　98
自己非難　48, 51
自己評価維持モデル　33
自己補強　44
嫉妬の対処行動　44
嫉妬妄想　43
自動思考　66
自分の不注意　52
シャーデンフロイデ　40
社会的規範　107
社会的交換理論　93
社会的スキル　70, 100
社会的比較　33
集団化　128
条件付き自己価値　67
情動焦点型対処　97
情動的浮気　12
信頼感　141
●す
推論の誤り　56
ストレス生成モデル　70
ストレス反応　64
ストレッサー　64
●せ
性的浮気　12
責任転嫁　48
責任の再分配　56
セルフ・モニタリング　80
選択的無視　44
●そ
ソーシャルサポート　139, 155
●た
対人規範　107
対人ストレスコーピング　151
対人ストレッサー　148
対人苦手意識　77
多数派幻想　129

事項索引

だまし　18
●と
動機づけによる減損効果　21
投資モデル　94
同調　128
●に
認知行動療法　56
認知の歪み　66, 129
認知理論　65
●ね
ネガティブ関係コーピング　152
●ひ
B／V比率　126
被援助志向性　130

●ふ
ブリング　118
●ほ
暴力のサイクル理論　134
POXトライアッド　30
ポジティブ関係コーピング　151
●も
問題焦点型対処　97
●ゆ
許し　15
●よ
抑うつ　64
抑うつスキーマ　65
●り
理性的説得　110

人名索引

●あ
アヴェリル, J. R.　109
アトキンス, D. C.　7, 9
阿部晋吾　50
有光興記　55
●う
ウォーカー, L. E.　134
ヴレイ, A.　26
●え
エイブラムソン, L. Y.　47
エクマン, P.　22, 26
●か
金政祐司　158
●き
清永賢二　119
●く
栗林克匡　95
グリーリー, A.　5
黒田祐二　68
●さ
ザッカーマン, M.　18
サロヴェイ, P.　44
澤田匡人　36, 39
●し
シャックルフォード, T. K.　12
ジャノフーバルマン, R.　53
●せ
セリグマン, M. E. P.　51
●た
滝 充　125
タネン, J. P.　53
●て
デステノ, D.　36
デパウロ, B. M.　20, 21

●と
戸田有一　124, 127
ドリゴタス, S. M.　15
トレーシー, J. L.　50
●な
ナニーニ, D. K.　14
●は
ハーメン, C.　69
ハイダー, F.　30
橋本 剛　148
バス, D. M.　5, 7, 15
●ひ
日向野智子　80
ヒル, C. T.　91
●ふ
フィンケル, E. J.　13
フロイト, S.　40
●へ
ベイトソン, G.　130
ベック, A. T.　65
ペティット, G. S.　138
ペネベーカー, J. W.　98
●ほ
ホイスマン, M. A.　9, 10
●ま
正高信男　128
●み
ミラー, G. R.　24
●も
森田洋司　119
●ら
ラズバルト, C. E.　94
●わ
和田 実　92

編者紹介

加藤　司（かとう　つかさ）
- 2002年　関西学院大学文学研究科心理学専攻博士課程後期課程修了
- 現　在　東洋大学社会学部社会心理学科准教授　博士（心理学）
- 主　著　対人ストレス過程における対人ストレスコーピング　ナカニシヤ出版　2007年
　　　　　対人ストレスコーピングハンドブック　ナカニシヤ出版　2008年
　　　　　親密な関係のダークサイド（共監訳）　北大路書房　2008年

谷口　弘一（たにぐち　ひろかず）
- 2001年　広島大学大学院生物圏科学研究科環境計画科学専攻博士課程後期修了
- 現　在　長崎大学教育学部人間発達講座准教授　博士（学術）
- 主　著　対人関係と適応の心理学－ストレス対処の理論と実践（共編）　北大路書房　2006年
　　　　　親密な関係のダークサイド（共監訳）　北大路書房　2008年

執筆者一覧（執筆順）

- 1章　加藤　司（東洋大学社会学部准教授）
- 2章　村井潤一郎（文京学院大学人間学部教授）
- 3章　澤田匡人（宇都宮大学教育学部准教授）
- 4章　有光興記（駒澤大学文学部准教授）
- 5章　黒田祐二（福井県立大学学術教養センター専任講師）
- 6章　日向野智子（立正大学心理学部特任講師）
- 7章　栗林克匡（北星学園大学社会福祉学部准教授）
- 8章　木野和代（宮城学院女子大学学芸学部准教授）
- 9章　戸田有一（大阪教育大学教育学部准教授）
　　　 ダグマー・ストロマイヤ（ウィーン大学心理学部助手）
　　　 クリスティアーナ・スピール（ウィーン大学心理学部教授）
- 10章　相馬敏彦（川口短期大学准教授）
- 11章　谷口弘一（長崎大学教育学部准教授）

対人関係のダークサイド

| 2008年9月20日 | 初版第1刷発行 | 定価はカバーに表示 |
| 2009年12月20日 | 初版第2刷発行 | してあります。 |

編　者　加　藤　　　司
　　　　谷　口　弘　一

発　行　所　㈱北大路書房
〒603-8303 京都市北区紫野十二坊町12-8
電　話　(075) 4 3 1 - 0 3 6 1 ㈹
F A X　(075) 4 3 1 - 9 3 9 3
振　替　0 1 0 5 0 - 4 - 2 0 8 3

Ⓒ2008
印刷・製本／㈱シナノ
検印省略　落丁・乱丁本はお取り替えいたします。
ISBN978-4-7628-2619-1　　Printed in Japan

関連本紹介

親密な関係のダークサイド

B. H. スピッツバーグ・W. R. キューパック 編
谷口弘一・加藤　司 監訳
A5・300頁・定価3570円

　　　　　　　　　　人には「恐いもの見たさ」という動機・欲求があり，ある事象・現象が自分に
　　　　　　　　　　とってイヤなもの，危険なもの，できれば避けたいものであるとわかっていて
　　　　　　　　　　も，それらのメカニズムを知りたいと思う。本書では，人間関係の影の部分と
　　　　　　　　　　は，そもそもどういったものなのか，その特徴・意味・発生要因などを詳説。

【目　次】
序　　章　暗やみ，残がい，妄想：親密な対人関係のダークサイドへの序説
第1章　破滅をもたらす魅力
第2章　嫉妬と妬みのダークサイド：欲望，妄想，絶望と破壊的コミュニケーション
第3章　真相を知っているのは誰？：対人関係におけるうわさ話
第4章　対人関係における葛藤パターン
第5章　強迫的な関係侵害とストーキング
第6章　失う，ふられる，そして，あきらめる：非婚の離愛に対するコーピング
第7章　いたずらに愛し，愛されること：片思いの試練と苦難
第8章　混乱した対人関係と精神的健康問題
第9章　対人関係のポジティブな側面とネガティブな側面の検討：ダークなレンズを通して？